2019

中国农产品贸易发展报告

CHINA AGRICULTURAL TRADE DEVELOPMENT REPORT

农业农村部国际合作司
农业农村部农业贸易促进中心

中国农业出版社
北京

图书在版编目（CIP）数据

中国农产品贸易发展报告．2019 / 农业农村部国际合作司，农业农村部农业贸易促进中心编．—北京：中国农业出版社，2019.11

ISBN 978-7-109-25238-7

Ⅰ.①中… Ⅱ.①农… ②农… Ⅲ.①农产品－国际贸易－研究报告－中国－2019 Ⅳ.①F752.652

中国版本图书馆 CIP 数据核字（2019）第 242634 号

中国农业出版社出版
地址：北京市朝阳区麦子店街 18 号楼
邮编：100125
责任编辑：赵　刚
版式设计：韩小丽　　责任校对：周丽芳
印刷：中农印务有限公司
版次：2019 年 11 月第 1 版
印次：2019 年 11 月北京第 1 次印刷
发行：新华书店北京发行所
开本：889mm×1194mm　1/16
印张：9.75
字数：155 千字
定价：130.00 元

《中国农产品贸易发展报告》

编辑委员会

主要撰写人员

（按姓氏笔划排序）

马　婧　马建蕾　王　丹　王　军　王　倩
王　婉　王东辉　王占禄　王岫嵩　韦艾平
田　甜　田维明　匡振林　吕玄瀚　吕向东
刘　岩　刘　博　刘驰名　刘芳菲　刘启正
刘武兵　孙　玥　远　铜　李　鸥　李　婷
李子晔　李亮科　李蔚青　杨　静　杨妙曦
杨海成　邹　慧　张军平　张红玲　张明杰
张明霞　陈宁陆　陈建新　林　泉　林　爽
郑亚玲　赵学尽　胡　明　柳苏芸　秦天放
徐智琳　黄　飞　黄昕炎　康骏璞　梁　勇
董　程　蒋丹婧　潘　久　霍春悦

序　言

2018年，在全球经济和贸易增速放缓的形势下，中国经济继续保持中高速增长，国内生产总值（GDP）较上年增长6.6%，货物贸易额增长12.6%。农产品贸易总额再创历史新高，连续两年突破2 000亿美元，贸易逆差进一步扩大。其中，粮食（包括谷物、豆类和薯类）进口达1.2亿吨，占国内粮食产量的17.6%，同比下降11.5%；棉花、食糖、牛羊肉和奶粉等产品进口大幅增长，棉花和食糖进口均突破配额量，超配额进口量分别达73.3万吨和85.1万吨；牛羊肉进口135.8万吨，奶粉进口115.3万吨，分别增长43.9%和10.9%，均为历年最高水平；传统优势出口产品中，水产品出口较上年增长5.6%，贸易顺差缩减23.9%；蔬菜出口下降1.8%，贸易顺差缩减3.7%；水果出口增长1.2%，进口增长34.5%，由上年顺差8.2亿美元转为逆差12.6亿美元；茶叶出口继续保持快速增长，同比增长10.3%。

此外，受中美经贸摩擦影响，自美进口大幅下降。主要进口产品中，大豆进口量下降49.4%，高粱、玉米进口量分别下降32.5%和58.7%。主要出口产品中，水产品、水果出口额分别增长6.4%和16.5%，蔬菜下降11.8%。

《2019中国农产品贸易发展报告》详细介绍了2018年中国农产品贸易情况，在分品种、分地区阐释农产品贸易变化情况的同时，总结了农业贸易谈判、贸易救济和贸易促进的总体进展，回顾了主要贸易伙伴及世界农产品贸易相关情况。

在本书编写过程中，中央农村工作领导小组办公室领导、农业农村部领导、部内相关司局和有关专家给予了大力支持和帮助。谨向所有关心本书出版的各界人士表示衷心感谢！

编委会

2019年7月

目　录

分论

专论

附录

总论

2018年国内外经贸环境变化

世界经济

2018年，全球经济贸易发展深受多种不确定因素的影响。美国总统特朗普上台后，挑起了针对多个重要贸易伙伴的贸易摩擦，使在多边贸易开放背景下形成的全球供应链受到冲击，严重干扰了全球经贸、投资和产业格局。欧洲地区面临内部社会矛盾激化和外部贸易保护主义抬头局面，如欧盟“反欧”“疑欧”“民粹主义”势力崛起、英国“脱欧”进程不顺、法国“黄背心”运动声势高涨、美国对欧盟产品加征关税等，企业投资和消费者信心受到消极影响。美国提高关税的措施对亚太地区国家也造成明显的不利影响。美国退出《跨太平洋伙伴关系协定（TPP）》谈判后，其余国家于12月谈判达成《全面与进步跨太平洋伙伴关系协定（CPTPP）》，这成为年内全球扩大贸易开放的突出亮点。中东地区战乱不息影响到原油供应的可靠性，油价随之大幅波动，对全球经贸活动造成扰动。在南美地区，巴西等一些国家政府更迭，引起施政方针转变和经贸发展战略调整。非洲地区尽管部分国家发生政局动荡，但该区域的经贸活动整体上保持良好发展势头。从世界范围看，由于美国单方面实施提高关税措施引起很多国家采取反制措施，致使全球贸易保护主义倾向加剧，经贸发展面临的不确定性显著升高。根据世界贸易组织（WTO）发布的数据，2017年10月中旬至2018年10月中旬，世贸组织成员共实施了137项新的贸易限制措施，覆盖贸易总额高达5 883亿美元，同比扩大了7倍多。在此背景下，WTO的全球贸易治理功能受到严重削弱。

年内世界经济整体保持增长，但国家之间绩效显著分化，2017年的全球经济全面复苏局面成为昙花一现。美国特朗普总统上台后，为实现将经济增速提升到3%

以上的施政目标，采取了大规模减税和增加政府支出的措施，对经济产生了显著的短期刺激效应，但随后受美国对外发动全方位贸易摩擦及联邦政府部分机构由于国内政治因素停摆影响，第四季度增幅出现回落。与美国同为北美自由贸易区成员的加拿大和墨西哥也成为美国贸易摩擦的打击对象，经济均受到负面冲击。欧洲央行继续实施较宽松的货币政策，但欧元区经济未见起色。日本安倍政府的一系列政策维持了经济增长，但增速继续处于低位。新兴市场与发展中经济体中，东欧国家的经济增幅下滑最为严重。

根据国际货币基金组织（IMF）发布的数据，2018 年全球经济增长 3.6%，增幅比上年下降 0.2 个百分点（表 1）。分类型看，发达经济体增长 2.2%，比上年下降 0.2 个百分点；新兴市场和发展中经济体增长 4.5%，比上年下降 0.3 个百分点。发达经济体中，美国经济增幅由上年的 2.2%提高到 2.9%，欧元区和日本经济增幅则分别由上年的 2.4%和 1.9%下滑到 1.8%和 0.8%。主要新兴经济体国家中，中国实现了 6.6%的增长；印度经济增长 7.1%，在大国中增速最高；俄罗斯经济明显复苏，增幅由上年的 1.6%提高到 2.3%；巴西经济增幅维持在 1.1%的低水平。

表 1　2017—2018 年世界经济增长情况

单位：%

区　域	2017 年	2018 年
世界经济	3.8	3.6
发达经济体	2.4	2.2
美　国	2.2	2.9
欧元区国家	2.4	1.8
日　本	1.9	0.8
新兴市场和发展中国家	4.8	4.5
新兴和发展中亚洲	6.6	6.4
新兴和发展中欧洲	6.4	3.6
独联体	2.4	2.8
拉丁美洲和加勒比	1.2	1.0
中东、北非、阿富汗和巴基斯坦	2.2	1.8
撒哈拉以南非洲	2.9	3.0

数据来源：IMF《世界经济展望》，2019 年 4 月。

2018年，美国发起的贸易摩擦干扰了全球供应链的正常运行，使贸易活动受到冲击。据WTO数据，年内世界商品贸易量增长3%，增幅比上年下降1.6个百分点（表2）。分国家类型看，出口量方面发达经济体增长2.1%，新兴市场和发展中经济体增长3.5%，分别比上年降低1.5和2.1个百分点；进口量方面，发达经济体增长2.5%，新兴市场和发展中经济体增长4.1%，分别比上年降低0.8和2.7个百分点。在所列地区中，仅北美保持了进出口全面增长局面。

表2 2017—2018年分区域商品贸易量增长情况

单位：%

区域	出口		进口	
	2017年	2018年	2017年	2018年
世界	4.6	3.0	—	—
亚洲	6.8	3.8	8.3	5.0
中南美洲	3.0	0.6	4.6	5.2
北美	4.2	4.3	4.0	5.0
欧洲	3.7	1.6	2.9	1.1
其他地区	1.6	2.7	2.5	0.5

数据来源：世界贸易组织（WTO），2019年4月。

2018年，国际市场初级产品价格继续回升。根据IMF数据，年内原油价格上升29.4%，非燃料初级产品价格上升1.6%。与此同时，消费者价格也继续走高，发达经济体增幅为2.0%，新兴市场和发展中经济体增幅为4.8%，均高于上年。

世界农产品市场

2018年，全球农业生产保持良好的增长态势，主要农产品价格稳定。根据联合国粮农组织（FAO）发布的数据，2017/2018年度，全球谷物产量27.04亿吨，增长1.5%；使用量26.55亿吨，增长1.4%；出口量4.21亿吨，增长4%；期末库存8.74亿吨，增长4.9%（表3）。谷物库存消费比为32.6%，比上年提高1.2个百分点；小麦和粗粮库存消费比分别为37.6%和29.4%，均处于本世纪以来最高位。

据世界银行发布的数据，与2017年相比，农产品价格下跌0.3%，食物价格上升0.3%。分类看，谷物价格上升10.2%，油料油脂价格下跌2.9%，工业原料农产品价格下跌3.2%。同期能源价格上升27.8%，化肥价格上升11.1%（图1）。

表 3　近年世界谷物生产、使用、库存和贸易

单位：百万吨、%

年　份		2015/2016	2016/2017	2017/2018	2017/2018年度比上年度增长	年　份		2015/2016	2016/2017	2017/2018	2017/2018年度比上年度增长
生产	谷物	2 587.0	2 664.2	2 703.8	1.5	出口	谷物	392.7	405.1	421.2	4.0
	小麦	736.8	761.3	759.9	−0.2		小麦	167.0	176.3	176.8	0.3
	大米	495.3	504.9	509.5	0.9		大米	41.3	48.1	47.8	−0.6
	粗粮	1 354.9	1 398.0	1 434.4	2.6		粗粮	184.3	180.7	196.6	8.8
使用	谷物	2 554.0	2 617.4	2 655.3	1.4	期末库存	谷物	790.0	833.2	873.8	4.9
	小麦	715.5	735.9	739.5	0.5		小麦	240.8	262.1	280.9	7.2
	大米	497.7	502.8	506.4	0.7		大米	169.3	169.8	174.6	2.8
	粗粮	1 340.8	1 378.7	1 409.4	2.2		粗粮	380.0	401.3	418.3	4.2

数据来源：FAO《Cereal Supply and Demand Brief》，2019 年 4 月。

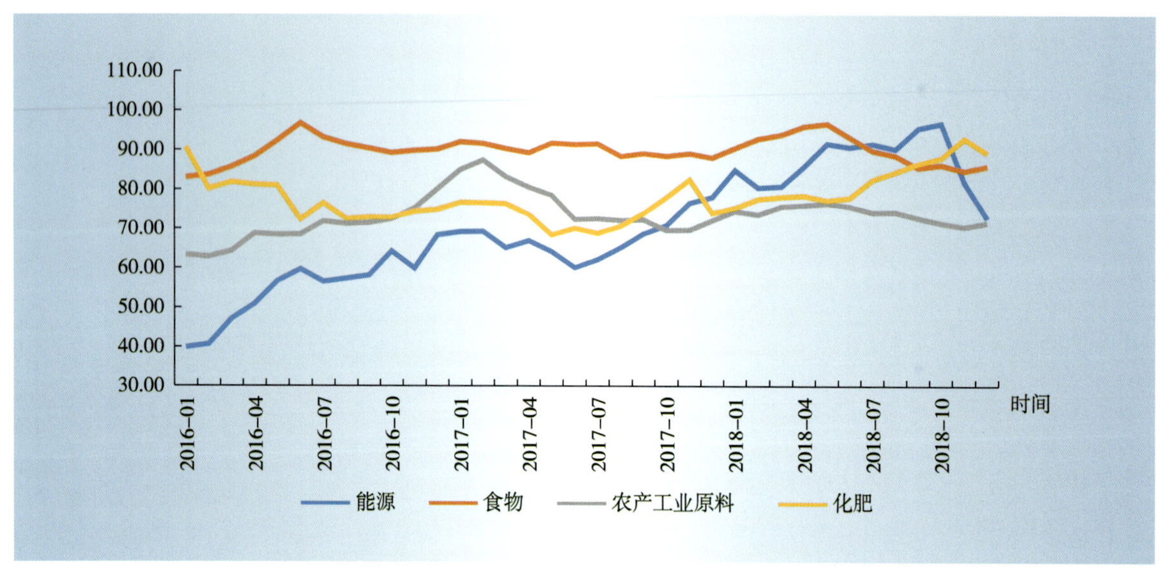

图 1　2016—2018 年国际市场初级产品价格指数变化

数据来源：世界银行（WB）。价格指数以 2010 年为 100。

年内主要农产品价格走势分化特征明显（图 2）。美国 1 号硬粒红小麦海湾离岸价前期大幅上涨，由 1 月的每吨 192 美元上涨到 8 月的年内最高值 237 美元，随后下跌到 11 月的 204 美元，12 月回升到 211 美元。美国 2 号黄玉米海湾离岸价起伏波动，由 1 月的每吨 156 美元上升到 5 月的年内最高 179 美元，随后波动下滑，9 月降到年内最低的

154 美元，12 月回升到 167 美元。5%碎米率大米曼谷离岸价前期波动较大，后期逐渐走稳，年内最低为 7 月的每吨 398 美元，最高为 4—5 月的 451 美元，12 月收于 404 美元。美国大豆鹿特丹港到岸价大体上水平波动，由 1 月的每吨 390 美元上升到 4 月的年内最高价 439 美元，随后下滑到 9 月的年内最低价 357 美元，12 月回弹到 381 美元。荷兰豆油出厂价整体呈现下滑态势，1 月为年内最高的每吨 871 美元，12 月为年内最低的 728 美元。

棉花考特鲁克（Cotlook）A 远东指数价格大体呈倒 U 形波动，1 月每吨 2 008 美元，6 月上涨到年内最高的 2 154 美元，随后下滑到 12 月的 1 896 美元。食糖价格也大体呈 U 形变化，最高为 1 月的每吨 311 美元，8 月降至年内最低的 244 美元，10 月回升到 293 美元，12 月收于 279 美元。牛肉价格波动下降，1 月为每吨 4 296 美元，3 月上升到年内最高的 4 439 美元，10 月下降到年内最低的 3 864 美元，12 月收于 4 185 美元。鸡肉价格前期上升、后期下降，2 月为年内最低的每吨 1 984 美元，6 月升到年内最高的 2 723 美元，12 月回落到 2 088 美元。

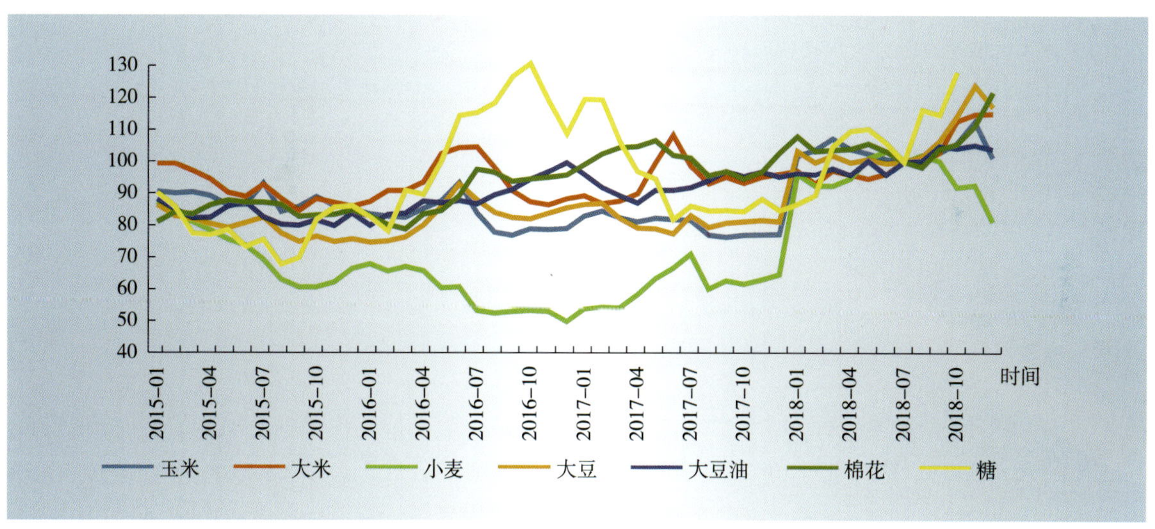

图 2 2015—2018 年国际市场主要农产品价格指数变化

数据来源：世界银行。各商品的价格指数均以 2014 年平均价格为 100。

中国宏观经济[①]

2018 年，面对复杂严峻的国际环境和艰巨繁重的改革发展稳定任务，中国政府坚持稳中求进工作总基调，深入贯彻新发展理念，落实高质量发展要求，以供给侧结构性改革为主线，着力深化改革扩大开

① 除特别注明外，本报告正文和图表中引用的中国经济数据均未包括香港、澳门特别行政区和台湾省。

放，坚决打好防范化解重大风险、精准脱贫、污染防治三大攻坚战，有效应对外部环境深刻变化，统筹稳增长、促改革、调结构、惠民生、防风险，做好稳就业、稳金融、稳外贸、稳外资、稳投资、稳预期工作，经济运行总体平稳、稳中有进，质量效益稳步提升，人民生活持续改善，保持了经济持续健康发展和社会大局稳定，朝着实现全面建成小康社会目标迈出了新步伐。

2018 年，国内生产总值 90.03 万亿元，比上年增长 6.6%。其中，第一产业增加值 6.5 万亿元，增长 3.5%；第二产业增加值 33.6 万亿元，增长 5.8%；第三产业增加值 47 万亿元，增长 7.6%。人均国内生产总值 64 644 元，比上年增长 6.1%。居民消费价格比上年上涨 2.1%，其中食品价格上涨 1.9%。全国居民人均可支配收入 28 228 元，比上年增长 8.7%，扣除价格因素，实际增长 6.5%，城乡居民收入差距继续缩小。全年货物进出口总额 30.51 万亿元，比上年增长 9.7%。其中，出口 16.42 万亿元，增长 7.1%；进口 14.09 万亿元，增长 12.9%；贸易顺差 2.33 万亿元，比上年减少 0.52 万亿元（图 3）。

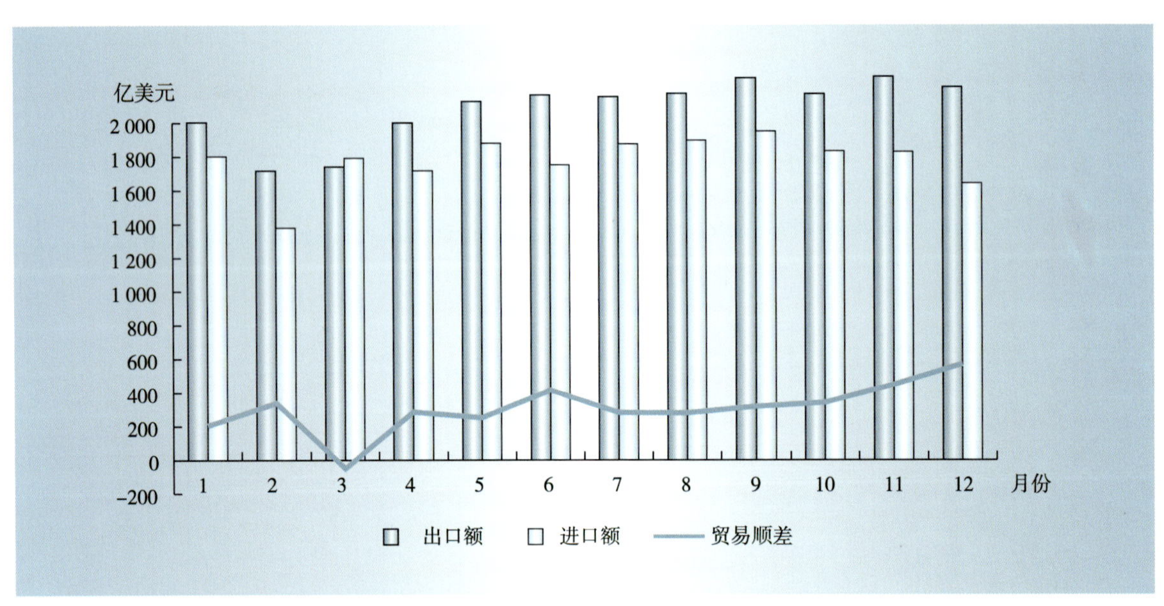

图 3　2018 年中国对外贸易发展变化情况

数据来源：中国国家统计局。

人民币对美元汇率 1 月小幅升值，2—5 月相对稳定，6—7 月出现较大幅度贬值，其后走稳；对欧元汇率 1—3 月水平波动，4—6 月升值，7 月出现较大幅度贬值，其后再度水平波动；对日元汇率整体上呈现波动贬值态势（图 4）。12 月与上年同期平均汇率相比，人民币对美元贬值 4.2%，对欧元升值 0.4%，对日元贬值 5%。根据国际结

算银行（BIS）数据，年内人民币实际有效汇率呈倒U形变化，1—5月升值，6—8月贬值，其后水平波动，月平均汇率与上年相比升值3.2%。

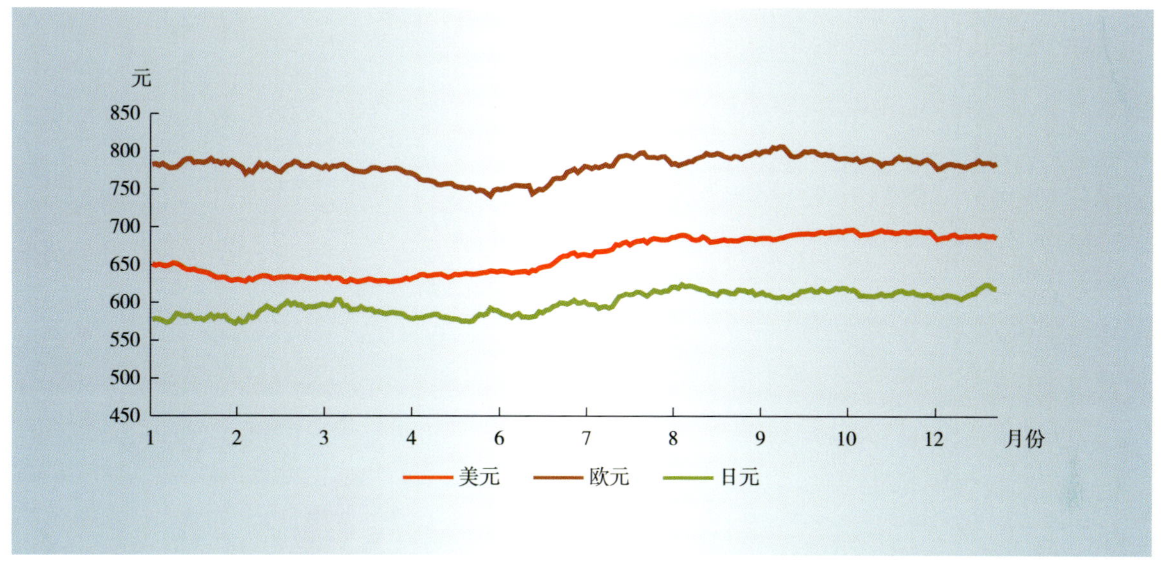

图4 2018年人民币汇率变化

数据来源：国家外汇管理局。汇率采取直接标价法，为100美元或欧元及1万日元折合人民币数值。

中国农业和农村经济

2018年，按照中共中央和国务院的部署，中国实施乡村振兴战略，深入推进农业供给侧结构性改革，大力推动农业政策工具和手段的创新和完善，加快建立新型农业支持保护政策体系，在农业生产提质增效和提高农产品国际竞争力方面取得了明显成效，保持了农业生产和农村经济良好发展势头。

2018年，中国调减库存较多的稻谷和玉米种植，因地制宜发展经济作物。据国家统计局数据，三大主粮种植面积均比上年下降，粮食总产量减少0.6%。经济作物中，棉花增产8%，油料减产1.2%，糖料增产4.9%，茶叶增产6.1%。畜产品中，肉类减产0.3%，禽蛋增产1%，牛奶增产1.2%。水产品增产0.2%（表4）。

年内农村劳动力非农就业继续以较快速度增长。全国农民工总量28 836万人，比上年增长0.6%。其中，外出农民工17 266万人，增长0.5%；本地农民工11 570万人，增长0.9%。农民工人均月收入3 721元，比上年增长6.8%。农村居民人均可支配收入14 617元，比上年增长8.8%，扣除价格因素，实际增长6.6%。按照每人每年2 300元（2010年不变价）的农村贫困标准计算，2018年末农村贫困人口1 660万人，比上年末减少1 386万人；贫困发生率1.7%，比上年下降1.4个百分点。贫困地区农村居民人均可支配收入10 371元，比上年增长10.6%，扣除价格因素，实际增长8.3%。

表 4 2018 年中国主要农产品生产情况

单位：万吨、%

产　　品	产　　量	比上年增长
粮食	65 789	−0.6
谷物	61 003	−0.8
稻谷	21 213	−0.3
小麦	13 144	−2.2
玉米	25 717	−0.7
棉花	610	8.0
油料	3 433	−1.2
糖料	11 937	4.9
茶叶	261	6.1
肉类	8 625	−0.3
猪肉	5 404	−0.9
牛肉	644	1.5
羊肉	475	0.8
禽肉	1 994	0.6
禽蛋	3 128	1.0
牛奶	3 075	1.2
水产品	6 458	0.2
养殖水产品	4 991	1.7
捕捞水产品	1 467	−4.7

数据来源：中国国家统计局（2019）。

中国农业贸易政策环境

（一）实施乡村振兴战略

年内中国政府实施乡村振兴战略，提升农业发展质量，培育乡村发展新动能，强调坚持质量兴农、绿色兴农，以农业供给侧结构性改革为主线，加快构建现代农业产业体系、生产体系、经营体系，提高农业创新力、竞争力和全要素生产率，加快实现由农业大国向农业强国转变。在构建农业对外开放新格局方面，部署的重要工作涉及：优化资源配置，着力节本增效，提高农产品国际竞争力；实施特色优势农产品出口提升行动，扩大高附加值农产品出口；建立健全农业贸易政策体系；深化与“一带一路”沿线

国家和地区农产品贸易关系；积极支持农业“走出去”，培育具有国际竞争力的大粮商和农业企业集团；积极参与全球粮食安全治理和农业贸易规则制定，促进形成更加公平合理的农业国际贸易秩序；进一步加大农产品反走私综合治理力度。

（二）创新完善农业支持政策和工具

年内中国政府继续深化农业支持政策改革工作。在重要农产品价格形成机制方面采取的主要措施有：完善稻谷和小麦最低收购价格政策，深入推进玉米市场定价、价补分离改革，深化棉花目标价格改革。在粮食收储制度方面，改革措施涉及完善储备管理体制、加快培育多元市场购销主体、鼓励多元市场主体入市收购、推动粮食收购由政策性收储为主向市场化收购为主转变。在农业补贴政策方面，改革着眼于提高补贴政策的指向性和精准性，重点补贴主产区、适度规模经营、农民收入、绿色生态，扩大“绿箱”政策的实施范围和规模。这些措施不仅有助于支持国内产业发展，保护农民利益，而且有利于适应世贸组织规则，消除国内外价差，提高中国农业质量效益和竞争力。

（三）继续扩大农产品市场开放

年内中国政府在继续按照各项自贸协定履行双边扩大市场开放义务外，还单方面调减了部分进口商品的最惠国税率，或实行较低的暂行税率，其中包括了部分农产品。

中国政府继续推进自贸区建设，年内分别与瑞士、巴基斯坦、新加坡、新西兰等自贸区伙伴进行自由贸易协定升级谈判，其中与新加坡签署了协定升级议定书；与毛里求斯、挪威、巴拿马、日本、韩国、以色列等国进行了自由贸易协定谈判，其中与毛里求斯结束了谈判。中国与格鲁吉亚自贸协定于1月生效。《亚太贸易协定第二修正案》于7月生效，按照协定，中国、印度、韩国、斯里兰卡、孟加拉国和老挝6个成员国将对共计10 312个税目的产品削减关税，平均降税幅度为33%；中国、韩国、印度和斯里兰卡将给予协定内最不发达国家孟加拉国1 259个产品和老挝1 251个产品特惠税率安排，平均降税幅度均为86%。

年内中国政府出台了53项措施支持自贸试验区深化改革创新，在全国范围内复制推广30项自贸试验区改革试点经验，启动了海南全岛自贸试验区建设。中国还成功举办了首届中国国际进口博览会。这些行动向全世界宣示了中国主动开放市场、推动经济全球化的决心。

（四）稳妥应对中美贸易摩擦

美国特朗普政府上台后，执意把提高关税措施用作实现“公平贸易”的工具，挑起对多个重要贸易伙伴的贸易摩擦，中国作为美国最大的贸易赤字来源地，自然首当其冲。2018年4月4日，美国政府公布了首批约500亿美元的中国商品加征关税清单，中国政府随即做出回应，宣布对同等规模的美国进口商品加征关税。7月10日，美方公布了第二批约2 000亿美元的中国商品加征关税清单，中方也随即宣布将对自美进口的约600亿美元商品加征关税。在美国针对首批商品清单的加征关税措施分别于7月6日（340亿美元）和8月8日（160亿美元）生效的情况下，中国也于同日开始实施对等的反制措施。中美贸易摩擦发生后，双方均表示愿意通过对话磋商解决双边经贸问题。从5月开始，双方展开一系列磋商，取得了阶段性进展。

美国是中国农产品主要进口来源地和出口市场，美方加征关税升级贸易摩擦，对美国农产品出口造成严重冲击。从实际情况看，中国对美出口的农产品基本保持稳定，受到的影响较小；中国则是美国最关注的农产品出口市场之一，中方的反制措施将包括大豆、玉米、小麦等在内的美国出口农产品作为重要对象，美国部分农产品对华出口基本处于停滞状态。以大豆为例，2018年中国从美国进口1 664万吨，仅为上年的一半；启动关税加征后的7—12月从美国只进口53.4万吨，仅为上年同期的4%，与上年同期相比骤减96%。

（五）有理有节地实行贸易救济措施

商务部于2月4日分别发布2018年第12号公告和第13号公告，决定对原产于美国的进口高粱进行反倾销、反补贴立案调查。商务部于4月17日公布了对调查的初步裁定。基于从美国进口的高粱存在倾销和补贴并且使中国高粱产业受到实质损害的情况，决定对原产于美国的进口高粱实施临时性双反措施。

商务部于5月18日发布公告，根据调查机关发现的国内猪肉价格持续下降使许多养殖户生计面临困难的情况，认定对从美国进口的高粱采取反倾销、反补贴措施不符合公共利益，决定终止前述双反措施。

2018年中国农产品贸易发展

进出口规模

2018年，中国农产品进出口贸易继续保持全面增长，出口额804.5亿美元，比上年增长6.5%；进口额1 372.6亿美元，增长9.1%；贸易逆差568.1亿美元，增长64.9亿美元。分月度看，出口额和进口额均有较大幅度波动，其中年初的1—2月主要受节日因素影响，其后则在较大程度上受中美贸易摩擦影响，如5—6月和8—10月贸易商试图抢在中国提高对美关税之前进口，而中美双方均开始实施提高关税措施后的11—12月出现进出口额双降（图5）。

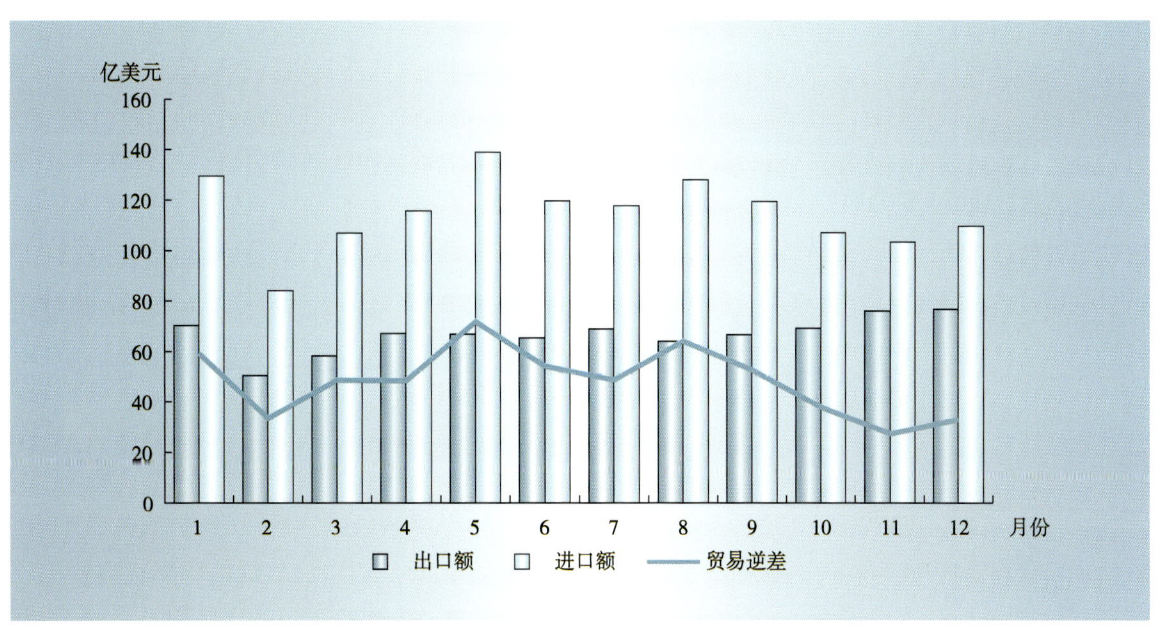

图5 2018年中国农产品对外贸易发展变化情况

产品结构

分大类看，出口额居前五位的农产品依次为水产品、蔬菜、水果、畜产品和饮品类；进口额居前五位的农产品依次为油籽、畜产品、水产品、水果和饮品类（图 6）。

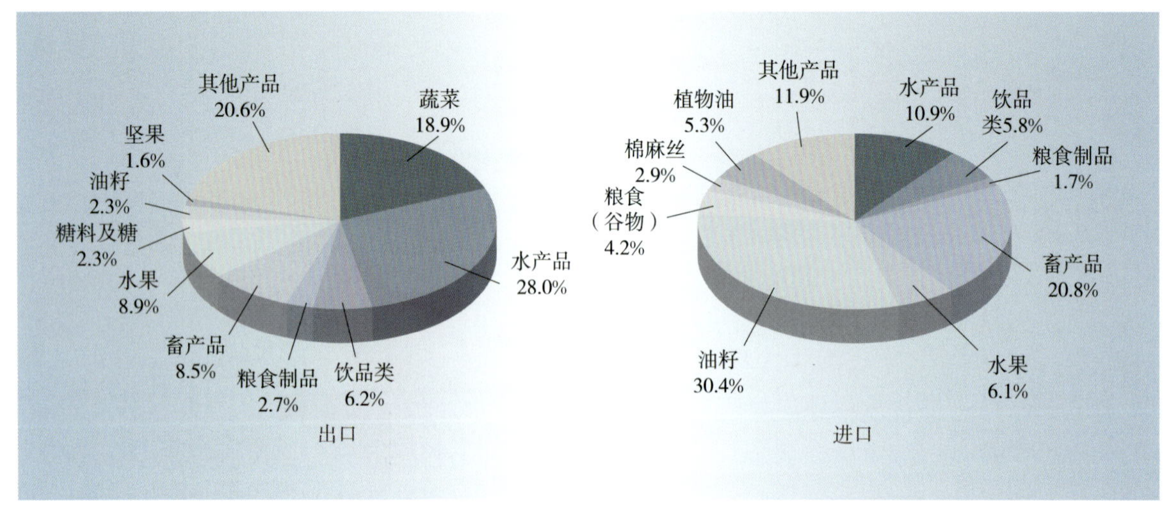

图 6　2018 年中国农产品进出口结构

谷物贸易呈现出口增长、进口下降局面。全年出口 255.3 万吨，比上年增长 57.9%；进口 2 050.2 万吨，下降 19.9%；贸易逆差 48.4 亿美元，减少 8.6 亿美元。分品种看，小麦产品、稻谷产品和高粱产品呈现出口增长、进口下降局面；玉米产品呈现出口下降、进口增长局面；大麦产品进出口量均下降。

食用油籽产品和植物油贸易均呈现出口额增长、进口额下降局面。食用油籽出口 119.5 万吨，比上年增长 8.7%；进口 9 448.9 万吨，下降 7.4%。其中，大豆进口 8 803.1 万吨，下降 7.9%；贸易逆差 400.4 亿美元，下降 13.5 亿美元，在大类商品中仍居首位。食用植物油出口 29.6 万吨，进口 808.7 万吨，分别增长 46.7% 和 8.9%，贸易逆差 55.5 亿美元，略高于上年。

棉花贸易进出口双增长。出口量 5.1 万吨，增长 137.1%；进口量 162.7 万吨，增长 19.4%。由于国际市场棉花价格回升，进口额上升到 31.97 亿美元，增长 35.5%。

食糖贸易呈现进出口量双增长局面。出口量 19.6 万吨，增长 23.9%；进口量 279.6 万吨，增长 22.1%；进口额 10.3 亿美元，下降 4.6%。

蔬菜贸易出口 152.4 亿美元，比上年略有下降；进口 8.3 亿美元，增长 50%；贸易顺差 144.1 亿美元，在大类商品中保持首位。水果出口 71.6 亿美元，增长 1.2%，进口 84.2 亿美元，增长 34.5%，贸易余额首

次由顺差转变为逆差。坚果出口13.1亿美元，增长9.7%，进口12.9亿美元，增长42%。

畜产品进出口额双增。出口68.6亿美元，增长7.9%；进口285.2亿美元，增长11.3%；贸易逆差216.6亿美元，在大类商品中居第二位。

水产品出口224.4亿美元，增长6.1%；进口148.9亿美元，增长31.3%；贸易顺差75.5亿美元，比上年减少22.5亿美元，居大类商品第二位。

市场结构

除南美洲外，中国对其余各大洲的农产品出口均上升。对亚洲出口518.8亿美元，增长6.7%。对欧洲出口116.4亿美元，增长4.8%。对北美洲出口104.1亿美元，增长8.3%。对非洲出口33.9亿美元，增长10%。对南美洲出口17.1亿美元，下降1.2%。对大洋洲出口14.1亿美元，增长3.5%。

中美贸易摩擦产生明显的贸易转移效应，导致中国从北美的进口下降，从其余各大洲进口增长。从南美洲进口430亿美元，增长24.8%。从亚洲的进口超过北美，进口额261.5亿美元，增长13.2%。从北美洲进口250.7亿美元，下降19.7%。从欧洲进口218亿美元，增长14.3%。从大洋洲进口177.2亿美元，增长17.4%。从非洲进口35.2亿美元，增长19.7%。

农产品贸易对亚洲仍保持顺差，对其他地区为逆差。对南美洲的逆差最大，为412.8亿美元；对大洋洲的逆差为163.1亿美元，首度超过北美；对北美的逆差下降到146.6亿美元；对亚洲的贸易顺差为257.2亿美元（表5）。

表5 2018年中国农产品贸易区域分布

单位：亿美元、%

区域	贸易额				比上年增长		所占比重	
	进出口额	出口额	进口额	差额	出口	进口	出口	进口
合　计	2 177.1	804.5	1 372.6	−568.1	6.5	9.1	100.0	100.0
亚　洲	780.3	518.8	261.5	257.2	6.7	13.2	64.5	19.1
欧　洲	334.4	116.4	218.0	−101.5	4.8	14.3	14.5	15.9
北美洲	354.8	104.1	250.7	−146.6	8.3	−19.7	12.9	18.3
非　洲	69.2	33.9	35.2	−1.3	10.0	19.7	4.2	2.6
南美洲	447.1	17.1	430.0	−412.8	−1.2	24.8	2.1	31.3
大洋洲	191.3	14.1	177.2	−163.1	3.5	17.4	1.8	12.9

从国别（地区）贸易看，前五大出口市场依序为日本、中国香港、美国、越南和韩国，合计占出口总额的49.5%。前五大进口来源地依序为巴西、美国、澳大利亚、加拿大和新西兰，合计占进口总额54.5%。受中美贸易摩擦影响，中国从美国进口同比下降32.7%，从其他4国进口增长均超过15%，其中从巴西进口增长37%。对中国香港、日本、韩国、越南和中国台湾的贸易顺差排前五位，分别为97.4亿美元、95.9亿美元、42.2亿美元、20亿美元和16.2亿美元。对巴西、澳大利亚、美国、新西兰和加拿大的贸易逆差排前5位，分别为325.9亿美元、94.2亿美元、78.8亿美元、69.3亿美元和67.5亿美元（图7）。

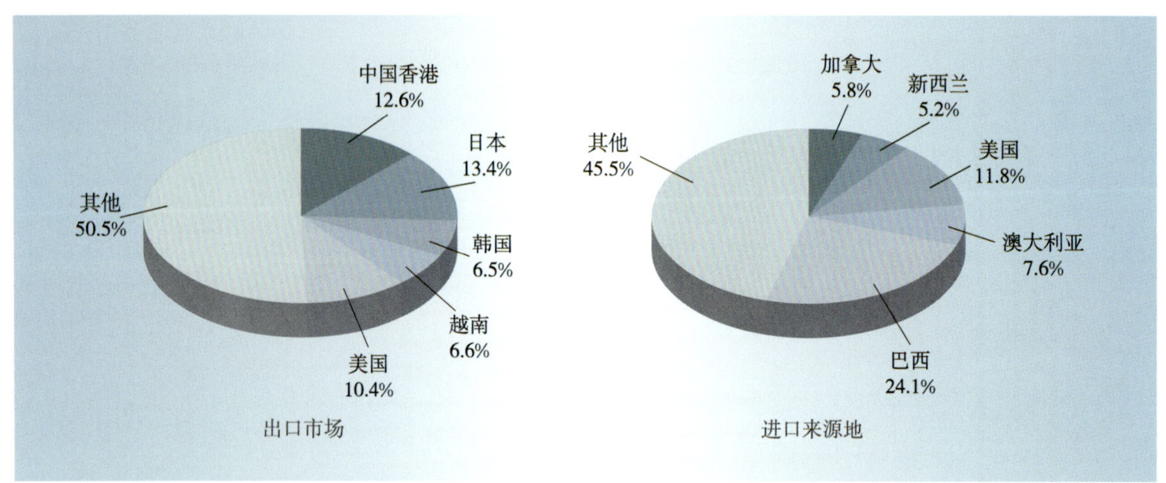

图7　2018年中国农产品出口市场和进口来源地结构

与自由贸易区伙伴间的双边农产品贸易大体呈全面增长。对东盟出口175.6亿美元，增长10.7%；对中国香港出口101.5亿美元，增长3.1%；对韩国出口52.5亿美元，增长10%；对中国台湾出口27.2亿美元，增长9.6%；对澳大利亚出口10.3亿美元，增长2.2%。从东盟进口184.8亿美元，增长10.1%；从澳大利亚进口104.5亿美元，增长16.1%；从新西兰进口71.4亿美元，增长19%；从智利进口31亿美元，增长40%；从秘鲁进口17.5亿美元，同比基本持平。对全部自贸区伙伴出口合计376.8亿美元，占农产品出口总额的47.3%；从全部自贸区伙伴进口合计443.2亿美元，占农产品进口总额的32.3%。

贸易方式

一般贸易出口额662.8亿美元，占农产品出口总额的82.4%；进料加工贸易出口额72.8亿美元，占9.1%。一般贸易进口额1 101.4亿美元，占农产品进口总额的80.2%；进料加工贸易进口额55.7亿美元，占2.5%；保税区仓储转口货物51.3亿美元，占3.7%。

国内进出口地区结构

各地区的农产品出口贸易全面增长。东部地区出口534.2亿美元，占出口总额的66.4%，同比增长6.2%；西部地区出口102.5亿美元，增长3.4%；中部地区出口85.3亿美元，增长10.7%，增幅最大；东北地区出口82.5亿美元，增长8.3%。各地区的农产品进口贸易表现不同。东部地区进口1 136.3亿美元，占进口总额的82.8%，同比增长11.1%，增幅居首；西部地区进口96.8亿美元，增长5%；东北地区进口93.3亿美元，增长5%；中部地区进口46.3亿美元，下降16.2%。中部地区和西部地区分别实现贸易顺差39亿美元和5.7亿美元，东部地区和东北地区的贸易逆差分别为602.1亿美元和10.7亿美元。

农产品出口额排前五位的省依次为山东、广东、福建、浙江和辽宁，合计占出口总额的61.8%。出口额增长的有21个省（自治区、直辖市），其中四川、黑龙江和江西的增幅居前三位，分别为30.7%、24%和23%；出口额下降有10个省（自治区、直辖市），其中西藏和青海降幅超过20%。农产品进口额排前五位的省（直辖市）依次为广东、江苏、山东、上海和天津，合计占进口总额的67.3%。进口额增长的有19个省（自治区、直辖市），其中贵州和黑龙江的增幅最高，分别为82.5%和76.4%；进口额下降的有12个省（自治区、直辖市），其中青海、西藏和山西的降幅分别为84.7%、80.9%和68%（图8）。

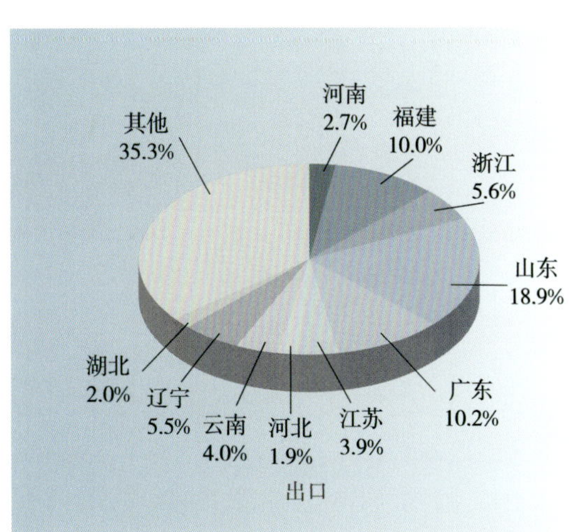

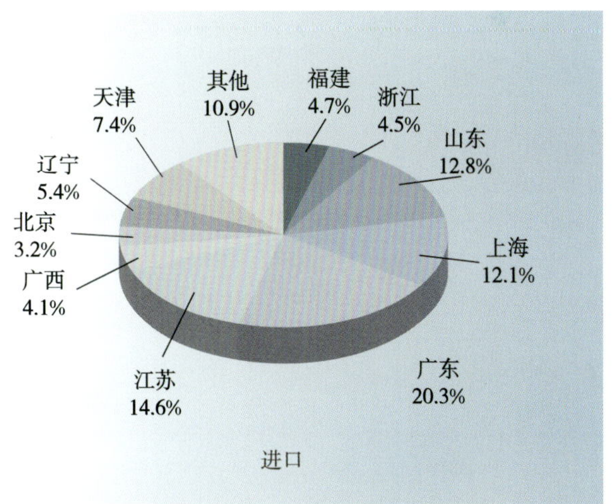

图8 2018年中国各省（自治区、直辖市）农产品进出口所占比重

31个省（自治区、直辖市）中，有21个实现农产品贸易顺差。顺差额居前五位的省为：福建33.9亿美元，云南31.1亿美元，湖北13.4亿美元，河南13.2亿美元，山东12亿美元。逆差额居前五位的省（自治区、直辖市）为：广东177.8亿美元，江

苏162.1亿美元，上海149.7亿美元，天津94.1亿美元，广西43.6亿美元。

农产品贸易地位

2018年，农产品出口额和进口额占全国货物贸易出口额和进口额的比例分别为3.2%和6.4%，分别比上年下降0.1和0.4个百分点。农产品出口额和进口额与第一产业增加值的比值分别为8.1%和14%，与上年相比前者提高0.3个百分点，后者提高1个百分点。

2019年农产品贸易发展前景展望

2019 年农产品贸易发展环境

(一) 国际环境

2019 年，全球经济贸易发展面临多方面风险因素，不确定性增大。

国际政治方面，美国政府频频有意地挑起地缘政治冲突以转移美国公众对国内政治问题的注意力，在大力抹黑中国、俄罗斯等主要对手的同时，利用伊核问题、巴以问题、叙利亚问题、朝鲜半岛问题、委内瑞拉和古巴问题大做文章，使全球的动荡源和风险点增多。英国政府在脱欧问题上处于进退维谷的局面，无力再在全球问题上发声。欧盟议会选举可能出现右翼党派席位大增局面，内部政治派系对立加重迫使欧盟更多地关注内政问题。日本安倍政府将延续追随美国的方针。大国间矛盾激化势必阻碍多边治理体系的运行。在此背景下，美国的单边主义、霸凌主义行径难以受到有效制约，爆发地缘政治冲突的风险加大。

国际经济方面，美国政府罔顾国际社会的普遍期待，不仅不打算在贸易摩擦上收手，反而以极限施压作为一种谈判策略，一厢情愿地期盼对手最终做出让步，而国内政治对立日益严重的现实也使美国政府在谈判目标和策略上难以形成持续且可操作的共识。这种情况使得美国更可能成为全球经贸发展的突出扰动因素而不是主要动力源。美国的高压战略势必招致受影响国家采取反制措施，从而使经贸摩擦升级。事实上，在美国政府宣布自 2019 年 5 月 10 日起对从中国进口的 2 000 亿美元商品提高加征关税税率后，中方随即决定自 2019 年 6 月 1 日起对从美国进口的约 600 亿美元的商品提高加征关税税率。全球贸易摩擦持续势必使经贸发展受到冲击，不仅发达国家会深受其害，发展中国家也将面临更大风险，如由恐慌情绪造成的汇率和大宗商品价格剧烈波动、资本流向急剧转变导致的国际收支平衡问题等。

大国间的经贸摩擦加剧也将阻碍多边贸易体系改革进程。

鉴于不确定性和风险因素增多加深的现实，国际货币基金组织对 2019 年全球经贸发展前景趋于悲观。根据 4 月发布的展望报告，世界经济增长 3.3%，增幅比上年下降 0.3 个百分点，与上年 10 月的预测相比下调了 0.4 个百分点。分类型看，发达经济体增长 1.8%，增幅比上年下降 0.4 个百分点；新兴市场和发展中经济体增长 4.4%，增幅下降 0.1 个百分点。世界商品和服务贸易量增长 3.4%，增幅下降 0.4 个百分点；其中进口量发达经济体增长 3%，增幅下降 0.3 个百分点，新兴市场和发展中经济体增长 4.6%，增幅下降 1 个百分点；出口量发达经济体增长 2.7%，增幅下降 0.4 个百分点，新兴市场和发展中经济体增长 4%，增幅下降 0.3 个百分点。石油价格下降 13.4%，非能源初级产品价格下降 0.2%。消费价格发达经济体上涨 1.6%，新兴市场和发展中经济体上涨 4.9%。该预测尚未考虑美国升级贸易摩擦情况。

世界银行 4 月预测，2019 年农产品名义价格将下跌，全部农产品价格下降 2.7%，其中谷物类价格基本持平，油料油脂类价格下降 7.1%。主要农产品价格涨幅较大的有牛肉，降幅较大的有大米、豆粕、豆油、茶、禽肉、棉花。

（二）国内环境

2019 年，中国经济发展面临的外部环境复杂多变，下行压力加大。针对这种情况，中国政府坚持稳中求进工作总基调，统筹推进稳增长、促改革、调结构、惠民生、防风险、保稳定工作，继续实施积极的财政政策和稳健的货币政策，保持经济持续健康发展和社会大局稳定。2019 年经济社会发展的主要预期目标是：国内生产总值增长 6%～6.5%，居民消费价格涨幅 3%左右，国际收支基本平衡，进出口稳中提质。

面对深刻变化的复杂严峻形势，中国政府强调做好“三农”工作的特殊重要性，要求巩固发展农业农村好形势，发挥“三农”压舱石作用，为有效应对各种风险挑战赢得主动，为确保经济持续健康发展和社会大局稳定奠定基础。中国政府坚持农业农村优先发展总方针，以实施乡村振兴战略为总抓手，抓重点、补短板、强基础，围绕“巩固、增强、提升、畅通”深化农业供给侧结构性改革，全面推进乡村振兴。针对保障重要农产品有效供给，优化品种结构，大力发展紧缺和绿色优质农产品生产，推进农业由增产导向转向提质导向。在实施重要农产品保障战略方面，统筹用好国际国内两个市场、两种资源，科学确定国内重要农产品保障水平，健全保障体系，提高国内安全保障能力；加快推进并支持农业走出去，加强“一带一路”农业国际合作，主动扩大国内紧缺农产品进口，拓展多元化进口渠道，培育一批跨国农业企业集团，提高农业对外合作水平。在深化农业农村政策改革方面，完善农业支持保护制度，强化高质量绿色发展导向，加快构建新型农业补贴政策体系；按

照更好发挥市场机制作用取向，完善稻谷和小麦最低收购价政策，完善玉米和大豆生产者补贴政策。

中国政府决定，自2019年1月1日起对706项商品实施进口暂定税率，其中包括部分水产品、乳制品、干鲜果品、婴幼儿食品和酒等农副产品。按照已经签署的自贸协定对从贸易伙伴进口的农产品进一步降税。

中国农产品贸易发展形势展望

2019年，综合考虑全球农产品生产及库存情况，供给仍有可靠保障。全球经济增幅下滑不仅会抑制农产品需求增长，而且贸易保护主义倾向趋烈，将成为影响年内全球农产品贸易发展的主导因素。

在此背景下，中国农业贸易发展很可能面临出口环境恶化、进口需求保持数量增长和质量提高的态势。同时，中国的农业供给侧结构性改革初见成效，农业结构趋于优化，农产品质量稳步提高，国际竞争力得到改善。

年内农产品贸易发展面临多种不确定因素。首先，尽管中美双方就双边贸易问题进行了多轮磋商，但美国政府不仅未打算收手，反而趋于继续加码，中国势必采取相应反制措施，其效应一方面是中美双边农产品贸易受到冲击，另一方面是改变全球农产品生产布局和贸易流向。贸易摩擦也是影响汇率走势的重要因素，汇率波动风险需要受到关注。

其次，一些涉及中国主要农产品贸易伙伴的自贸区建设将可能给中国的农产品出口带来较大的贸易转向效应。如于2018年12月30日在日本、澳大利亚、加拿大、墨西哥、新西兰和新加坡6国间生效的《全面与进步跨太平洋伙伴关系协定（CPTPP）》，于2019年2月生效的《日欧经济合作协定（EPA）》。日本是中国最大的农产品出口市场，而日本参与的这些自贸协定成员既有低成本农产品出口国，也有高端农产品出口国，这将使中国对日出口农产品面临全方位的竞争压力，质量敏感的高价值农产品出口可能会受到较大冲击。

最后，中国在控制非洲猪瘟疫情上能否尽快取得成效也是重大的不确定因素。迄今疫情传播已经造成生猪和能繁母猪数量大幅减少，预期后半年猪肉价格会出现较大幅度上升，猪肉进口需求势必随之增加。鉴于国际市场猪肉供给数量有限，这很可能难以从根本上改变猪肉价格上涨的趋势，进而对其他肉类的贸易产生溢出效应。

分论

分 产 品 贸 易

谷物

(一) 贸易概况

2018年，中国谷物贸易逆差形势有所改善。出口量255.3万吨，同比增长57.9%；出口额11亿美元，同比增长38.6%。进口量2 050.2万吨，同比下降19.9%；进口额59.4亿美元，同比下降8.5%。净进口量1 794.9万吨，同比下降25.2%；贸易逆差48.4亿美元，同比下降17.8%。

1. 产品结构

谷物出口以稻谷产品和小麦产品为主，合计占谷物出口总量的93.1%、出口总额的91.1%；进口主要是大麦产品、高粱产品、玉米产品、小麦产品和稻谷产品，合计占谷物进口总量的98.4%、进口总额的98.2%（表6）。

表6 2018年中国主要谷物品种贸易情况

单位：万吨、亿美元、%

产　品	出口量	进口量	净进口量	净进口量比上年增长	出口额	进口额	净进口额	净进口额比上年增长
稻谷产品	209.1	307.7	98.7	−65.2	8.9	16.4	7.5	−40.5
玉米产品	1.2	352.4	351.2	28.1	0.1	7.9	7.8	34.7
高粱产品	4.8	365.0	360.1	−28.2	0.2	8.6	8.4	−17.1
小麦产品	28.6	309.9	281.4	−33.6	1.2	8.6	7.4	−25.7
大麦产品	0.7	681.5	680.8	−23.1	0.0	16.9	16.9	−7.0

稻谷产品。出口量209.1万吨，同比增长74.7%，占谷物出口总量81.9%；出口额8.9亿美元，同比增长48.8%。进口量307.7万吨，同比下降23.6%，占谷物进口总量15%；进口额16.4亿美元，同比下降11.9%。

玉米产品。出口量1.2万吨，同比下降85.8%；出口额599万美元，同比下降73.1%。进口量352.4万吨，同比增长24.7%，占谷物进口总量17.2%；进口额7.9亿美元，同比增长30.7%。

高粱产品。出口量4.8万吨，同比增长17%；出口额2 254万美元，同比增长17.9%。进口量365万吨，同比下降27.8%，占谷物进口总量17.8%；进口额8.6亿美元，同比下降16.4%。

小麦产品。出口量28.6万吨，同比增长56.4%，占谷物出口总量11.2%；出口额1.2亿美元，同比增长37.7%。进口量309.9万吨，同比下降29.9%，占谷物进口总量15.1%；进口额8.6亿美元，同比下降20.7%。

大麦产品。进口量681.5万吨，同比下降23.1%，占谷物进口总量33.2%；进口额16.9亿美元，同比下降6.9%。

2. 贸易区域

出口市场。中国谷物前五位出口市场依次是科特迪瓦、朝鲜、韩国、几内亚和埃及，对前五位市场合计出口122.9万吨，占谷物出口总量的48.2%，较上年前五位市场出口总量降低4.9个百分点。其中，对科特迪瓦、朝鲜和韩国出口同比分别增长45.7%、39.1%和3.1%，对几内亚和埃及出口同比分别增加12.5倍和338.9倍。

进口来源地。中国谷物前五位进口来源地依次是澳大利亚、美国、乌克兰、加拿大和越南。从前五位国家合计进口1 720.1万吨，占谷物进口总量83.9%，较上年降低5.8个百分点。其中，从澳大利亚、美国和越南进口量同比分别下降40.7%、45%和35.9%，从乌克兰和加拿大进口量同比分别增长27.8%和62.4%（表7）。

表7　2018年中国谷物主要出口市场和进口来源地

单位：万吨、%

出口市场	出口量	比上年增长	占谷物出口总量比重	进口来源地	进口量	比上年增长	占谷物进口总量比重
科特迪瓦	45.0	45.7	17.7	澳大利亚	537.9	−40.7	26.2
朝　鲜	23.6	39.1	9.3	美　国	388.9	−45.0	19.0
韩　国	18.9	3.1	7.4	乌克兰	341.2	27.8	16.6
几内亚	18.4	1 252.8	7.2	加拿大	307.0	62.4	15.0
埃　及	17.0	33 893.6	6.7	越　南	145.2	−35.9	7.1

分品种看，稻谷产品主要出口至科特迪瓦、几内亚、韩国、埃及和土耳其，进口主要来自越南、泰国、巴基斯坦、柬埔寨和缅甸。小麦产品主要出口至朝鲜、中国香港、埃塞俄比亚、中国澳门和泰国，进口主要来自加拿大、哈萨克斯坦、澳大利亚、美国和俄罗斯。大麦产品进口主要来自澳大利亚、加拿大、法国、乌克兰和丹麦。高粱产品进口主要来自美国、澳大利亚、缅甸、阿根廷和法国。玉米产品进口主要来自乌克兰、美国、老挝、缅甸和俄罗斯（表8、表9）。

表 8 2018 年中国主要谷物品种出口市场

单位：万吨、%

稻谷产品				小麦产品			
出口市场	出口量	比上年增长	占稻谷产品出口总量比重	出口市场	出口量	比上年增长	占小麦产品出口总量比重
科特迪瓦	45.0	45.7	21.6	朝　鲜	18.8	130.0	65.8
几 内 亚	18.4	1 252.8	8.8	中国香港	7.8	−1.4	27.4
韩　国	17.3	3.7	8.3	埃塞俄比亚	0.7	−26.4	2.6
埃　及	17.0	33 893.6	8.1	中国澳门	0.6	2.7	2.0
土 耳 其	16.8	127.3	8.0	泰　国	0.4	93.7	1.2
主要出口市场合计			54.8	主要出口市场合计			99.0

表 9 2018 年中国主要谷物品种进口来源地

单位：万吨、%

大麦产品				高粱产品			
进口来源地	进口量	比上年增长	占大麦产品进口总量比重	进口来源地	进口量	比上年增长	占高粱产品进口总量比重
澳大利亚	417.8	−35.5	61.3	美　国	321.4	−32.5	88.1
加 拿 大	168.0	23.7	24.6	澳大利亚	42.9	44.9	11.8
法　国	57.4	157.8	8.4	缅　甸	0.5	115.3	0.0
乌 克 兰	38.2	−51.7	5.6	阿 根 廷	0.1	—	0.0
丹　麦	0.1	−95.2	0.0	法　国	0.0	46.8	0.0
主要进口来源地合计			99.9	主要进口来源地合计			99.9

（续）

玉米产品				小麦产品			
进口来源地	进口量	比上年增长	占玉米产品进口总量比重	进口来源地	进口量	比上年增长	占小麦产品进口总量比重
乌克兰	293.0	60.8	83.1	加拿大	138.3	164.2	44.6
美国	31.2	−58.7	8.9	哈萨克斯坦	56.9	83.8	18.4
老挝	13.9	−7.5	4.0	澳大利亚	49.6	−73.9	16.0
缅甸	10.1	8.0	2.9	美国	36.1	−76.8	11.7
俄罗斯	3.9	1 640.5	1.1	俄罗斯	17.4	259.5	5.6
主要进口来源地合计			99.9	主要进口来源地合计			96.3

3. 价格变动

（1）中国谷物进出口价格

2018年中国以一般贸易方式出口谷物的平均价格[①]为每吨433美元，同比下降8.7%；进口平均价格为每吨289.7美元，同比增长13.6%。其中，大麦和大米出口价格下跌，玉米和高粱出口价格上涨，进口产品价格全部上涨（表10）。

表10 2018年中国主要谷物品种进出口价格

单位：美元/吨、%

产品	出口平均价格	比上年增长	进口平均价格	比上年增长
谷物	433.0	−8.7	289.7	13.6
小麦	—	—	278.5	14.3
大麦	—	—	248.0	21.3
玉米	302.0	21.3	222.1	5.1
大米	379.9	−6.5	528.7	15.3
高粱	462.9	0.7	235.0	15.9

（2）中国谷物进出口价格与国际市场价格比较

2018年，国际市场大米价格上涨。泰国5%破碎率大米曼谷出口离岸价格全年平均每吨420.7美元，同比上升5.4%；越南5%破碎率大米河内出口离岸价格全年平均每吨406.1美元，同比上升11.9%。中国大米进口均价每吨528.7美元，同比增长

① 出口平均价格=出口总额/出口总量；进口平均价格=进口总额/进口总量。下同。
本节对中国谷物及其主要品种的进出口价格分析均为一般贸易方式下的价格（小麦一般贸易方式下无出口）。

15.3%；出口均价每吨379.9美元，同比下降6.5%（图9）。

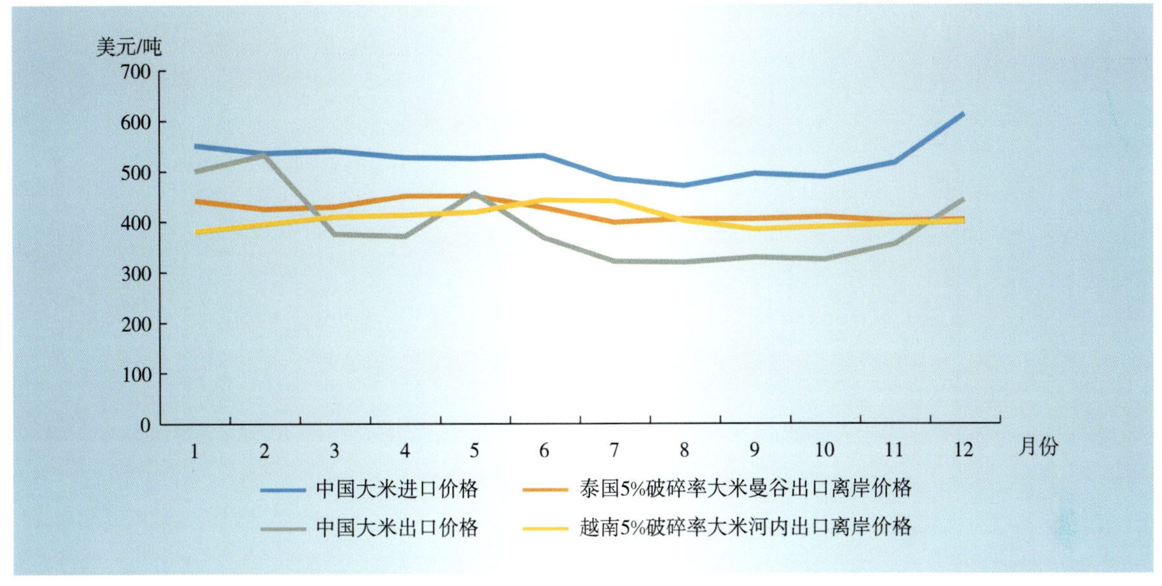

图9 2018年中国大米进出口价格与国际市场价格比较

数据来源：泰国和越南大米价格来自世界银行商品价格数据库，中国大米进出口价格根据中国海关数据计算。

国际小麦价格大幅上涨，美国1号硬红冬麦和2号软红冬麦美湾出口离岸价格全年平均分别为每吨209.9美元和203.9美元，同比增长20.6%和14.6%。中国小麦进口均价每吨278.5美元，同比增长14.3%（图10）。

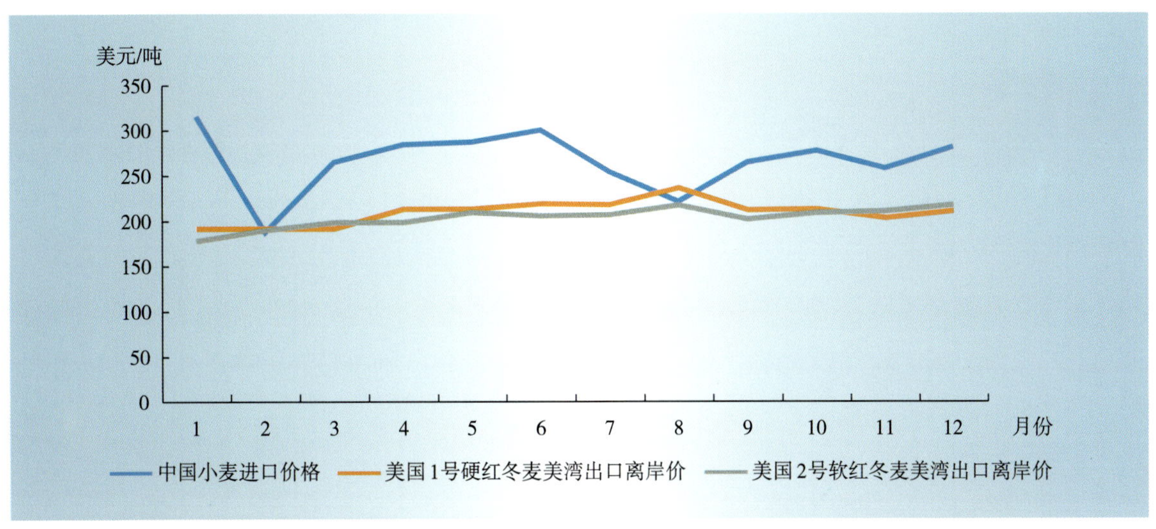

图10 2018年中国小麦进口价格与国际市场价格比较

注：中国出口的小麦产品主要为面粉，没有小麦（原粮）出口，故没有小麦出口价。

数据来源：美国小麦价格来自世界银行商品价格数据库，中国小麦进口价根据中国海关数据计算。

国际玉米价格转跌为涨。美国 2 号黄玉米美湾出口离岸价全年平均为每吨 164.4 美元，同比增长 6.4%。中国玉米进口均价每吨 222.1 美元，同比增长 5.1%（图 11）。

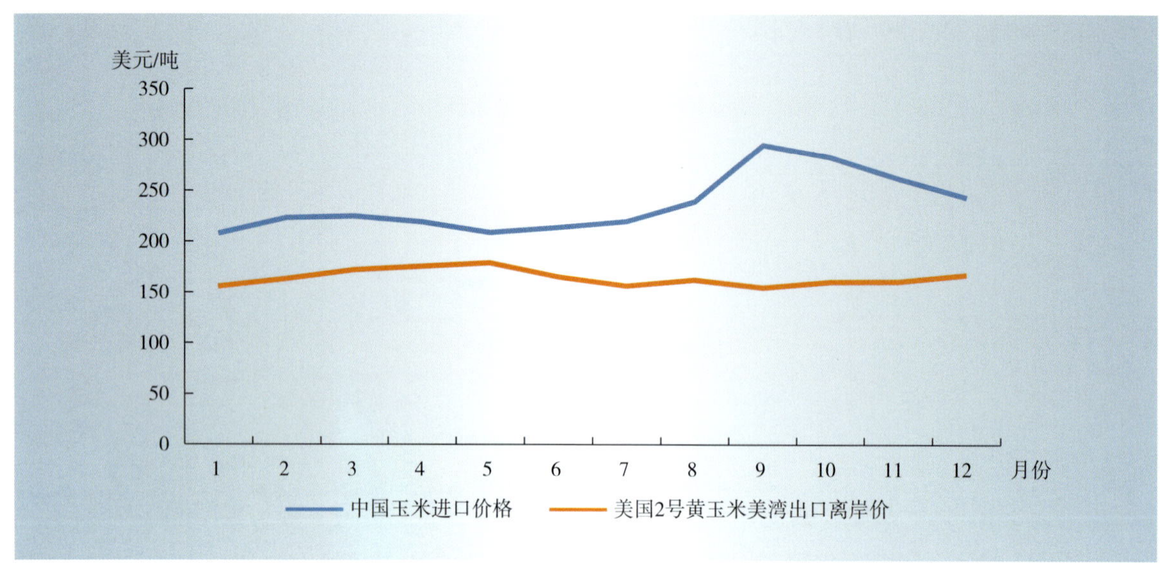

图 11　2018 年中国玉米进口价格与国际市场价格比较

数据来源：美国玉米价格来自世界银行商品价格数据库，中国玉米进口价格根据中国海关数据计算。

（二）影响因素

1. 国内外价差收窄，进口动力下降

2018 年，中国稻谷和小麦最低收购价下调，而主要谷物品种国际价格均出现了上涨，国内外价差收窄，进口动力下降。

2. 贸易救济一定程度上抑制谷物进口

2018 年，中国总体贸易环境恶化。商务部获得的初步证据和信息显示，原产于美国的进口高粱存在倾销且接受了美国政府补贴，原产于澳大利亚的进口大麦接受了澳政府补贴，中国国内产业遭受了实质损害和实质损害威胁，且倾销和补贴与国内产业实质损害和实质损害威胁存在因果关系。据此，商务部先后对美国高粱和澳大利亚大麦发起反倾销、反补贴立案调查。美国和澳大利亚是中国主要谷物进口来源国，贸易救济在一定程度上限制了谷物进口。

薯类

（一）贸易概况

2018 年，中国薯类出口增加，进口大幅下降。出口量 5 万吨，同比增长 11.6%，出口额 0.7 亿美元，增长 16.7%；进口量 480.7 万吨，下降 40.9%，进口额 11.4 亿美元，下降 21.9%。贸易逆差 10.7 亿美元，同比减少 23.4%。

1. 产品结构

木薯。木薯是中国薯类主要进口品种，进口量 479.8 万吨，同比下降 41%，占薯类进口总量的 99.8%；进口额 11.3 亿美元，下降 22%。出口较少，出口量 9.7 吨，下降5%；出口额1.6万美元，增加1.5倍。

甘薯。出口量4.97万吨，同比增长12.3%，占薯类出口总量的99.4%；出口额6 536.8万美元，增长17.6%。有少量进口，进口量40.9吨，增长46.3%；进口额11.6万美元，增长52%。

马铃薯。进口量9 566吨，同比下降14.5%，进口额1 182.2万美元，下降11.5%；出口量684.3吨，下降21.6%，出口额86.3万美元，下降24.2%（表11）。

表11 2018年中国薯类品种贸易情况

单位：吨、万美元、%

产品	出口量	进口量	净进口量	净进口量比上年增长	出口额	进口额	净进口额	净进口额比上年增长
木　薯	9.7	4 797 883.8	4 797 874.1	−41.0	1.6	113 118.3	113 116.7	−22.0
甘　薯	49 656.7	40.9	−49 615.8	12.2	6 536.8	11.6	−6 525.2	17.5
马铃薯	684.3	9 566.0	8 881.8	−13.9	86.3	1 182.2	1 096.0	−10.3

2. 贸易区域

（1）出口市场

中国薯类出口市场较为集中，前五大出口市场依次是中国香港、越南、日本、德国和荷兰，合计出口4.6万吨，占薯类出口总量的92.5%，较上年减少2.7个百分点。

（2）进口来源地

中国薯类进口来源地也较为集中，主要集中在东盟国家，前五大进口来源地依次是泰国、越南、柬埔寨、老挝和荷兰，合计进口480.1万吨，占薯类进口总量的99.9%，较上年减少0.2个百分点（表12）。

表12 2018年中国薯类主要出口市场和进口来源地

单位：吨、%

出口市场	出口量	比上年增长	占出口总量比重	进口来源地	进口量	比上年增长	占进口总量比重
中国香港	31 674.9	7.5	63.3	泰　国	4 155 912.0	−37.2	86.5
越　南	10 589.8	68.3	21.2	越　南	587 325.0	−60.3	12.2
日　本	1 566.0	−37.0	3.1	柬埔寨	44 282.0	369.2	0.9
德　国	1 250.0	−16.7	2.5	老　挝	10 289.0	97.7	0.2
荷　兰	1 165.8	−8.7	2.3	荷　兰	3 584.5	−23.5	0.1

分品种看，甘薯主要出口至中国香港和越南，合计占出口总量的84.6%；进口基本全部来自中国台湾。木薯主要出口至马来西亚，占出口总量的74.5%，进口主要来

自泰国和越南，合计占进口总量的98.8%。马铃薯主要出口至马来西亚和中国香港，合计占出口总量的63.5%，进口主要来自荷兰、德国、比利时和美国，合计占进口总量的93.4%（表13）。

表13 2018年中国薯类细分品种主要出口市场和进口来源地

单位：吨、%

产品	出口市场	出口量	比上年增长	占出口总量比重	进口来源	进口量	比上年增长	占进口总量比重
甘　薯	中国香港	31 469.4	7.3	63.3	中国台湾	40.9	701.1	100.0
	越　　南	10 587.8	75.8	21.3				
木　薯	马来西亚	7.2	2 308.0	74.5	泰　　国	4 155 912.0	−37.2	86.6
	泰　　国	2.5	−72.2	25.8	越　　南	587 325.0	−60.3	12.2
马铃薯	马来西亚	229.3	−19.8	33.5	荷　　兰	3 584.5	−23.5	37.5
					德　　国	2 117.9	7.9	22.1
	中国香港	205.5	40.9	30.0	比 利 时	1 751.3	−97.0	18.3
					美　　国	1 476.5	−48.7	15.4

3. 价格变动

2018年木薯进口平均价格为每吨235.8美元，比上年增长32.2%；甘薯出口平均价格为每吨1 316.4美元，增长4.7%（表14）。

表14 2018年中国薯类细分品种进出口价格

单位：美元/吨、%

产　品	出口平均价格	比上年增长	进口平均价格	比上年增长
木　薯	1 657.8	159.8	235.8	32.2
甘　薯	1 316.4	4.7	2 826.9	3.9
马铃薯	1 260.6	−3.3	1 235.9	3.6

（二）影响因素

1. 木薯进口价格上涨导致进口动力减弱

2017年以来，东南亚地区木薯种植面积减少，导致鲜薯供应呈偏紧态势，带动木薯收购价格上涨。2018年木薯进口平均价格比上年增长32.2%，导致木薯进口量大幅减少。

2. 中美经贸摩擦影响马铃薯进口

美国是中国马铃薯主要进口来源地。

2017年中国自美国进口马铃薯2 879.3吨，占马铃薯进口总量的25.7%。马铃薯在中国对美反制清单之列。受中美经贸摩擦影响，2018年中国自美国马铃薯进口降至1 476.5吨，比上年减少48.7%。

食用油籽

(一) 贸易情况

2018年，中国食用油籽进口量9 448.9万吨，比上年减少751.6万吨，下降7.4%，为2012年以来首次出现下降。其中，大豆、花生进口减少，油菜籽进口与上年基本持平，芝麻、亚麻籽进口增加。食用油籽出口量119.5万吨，增加9.5万吨，增长8.7%。其中，花生、葵花籽、大豆、芝麻出口增加。食用油籽进口额417.5亿美元，下降3%，占中国农产品进口总额的30.3%，下降3.9个百分点。出口额17.1亿美元，增长4.6%。贸易逆差400.4亿美元，缩小3.3%。

1. 产品结构

2018年，主要进口产品有大豆、油菜籽、芝麻、亚麻籽和花生，主要出口产品有花生、葵花籽、大豆和芝麻。

(1) 主要进口产品

食用油籽进口中，大豆进口量占比达93%。大豆进口8 803.1万吨，下降7.9%；油菜籽、芝麻、亚麻籽进口分别为475.6万吨、82.8万吨和39.8万吨，分别增长0.2%、16.4%和17%；花生进口18.4万吨，下降27.6%（表15）。

表15 2018年中国进口食用油籽产品结构

单位：万吨、亿美元、%

产　品	进口量	比上年增长	进口额	比上年增长	占食用油籽进口比重	
					进口量	进口额
食用油籽	9 448.9	−7.4	417.5	−3.0	100.0	100.0
大　豆	8 803.1	−7.9	380.6	−4.0	93.2	91.1
油菜籽	475.6	0.2	22.3	2.9	5.0	5.3
芝　麻	82.8	16.4	10.7	45.4	0.9	2.6
亚麻籽	39.8	17.0	1.8	18.8	0.4	0.4
花　生	18.4	−27.6	1.3	−34.6	0.2	0.3

(2) 主要出口产品

食用油籽出口量很少，仅119.5万吨，以花生和葵花籽为主，分别占食用油籽出口量的45.2%和38.7%。其中，花生出口量增额减，葵花籽、大豆和芝麻出口量额齐增（表16）。

表 16　2018 年中国出口食用油籽产品结构

单位：万吨、亿美元、%

产　品	出口量	比上年增长	出口额	比上年增长	占食用油籽出口比重	
					出口量	出口额
食用油籽	119.5	8.7	17.1	4.6	100.0	100.0
花　　生	54.0	2.9	9.3	−5.0	45.2	54.4
葵 花 籽	46.3	13.2	5.7	22.0	38.7	33.3
大　　豆	13.6	19.5	1.0	10.0	11.4	5.8
芝　　麻	4.7	14.6	0.9	18.9	3.9	5.3

2. 贸易区域

(1) 进口来源地

食用油籽进口来源地较为集中。大豆进口主要来自巴西、美国和加拿大，三国合计占大豆进口总量的 96%，受中美贸易摩擦影响，自美国进口大幅下降，进口量、额降幅均接近 50%。油菜籽进口主要来自加拿大和俄罗斯。芝麻进口主要来自埃塞俄比亚和苏丹等非洲国家（表 17）。

表 17　2018 年中国食用油籽进口来源地

单位：万吨、亿美元、%

产　品	来源地	进口量	比上年增长	进口额	比上年增长
大　豆	全　球	8 803.1	−7.8	380.6	−4.0
	巴　西	6 608.2	29.8	288.3	37.8
	美　国	1 664.0	−49.4	70.6	−49.4
	加拿大	179.2	−12.5	7.6	−13.5
油菜籽	全　球	475.6	0.2	22.3	2.9
	加拿大	444.3	−1.5	21.1	1.5
	俄罗斯	20.5	220.5	0.8	225.8
芝　麻	全　球	82.8	16.4	10.7	45.4
	苏　丹	25.5	40.6	3.2	78.3
	埃塞俄比亚	16.1	−23.8	2.2	−8.3

(2) 出口市场

中国食用油籽出口市场较为分散，主要出口东盟、日本、中东等国家和地区（表 18）。

表 18　2018 年中国食用油籽出口市场

单位：万吨、亿美元、%

产　品	出口市场	出口量	比上年增长	出口额	比上年增长
花　生	全　球	54.0	2.9	9.3	−5.0
	日　本	6.8	−6.2	1.5	−4.8
	越　南	4.4	177.1	0.7	205.4
	印度尼西亚	4.3	68.0	0.8	47.5
葵花籽	全　球	46.3	13.2	5.7	22.0
	土耳其	11.1	143.8	1.2	166.3
	埃　及	8.2	10.3	1.0	30.2
	伊　朗	7.1	−35.2	0.8	−30.3
大　豆	全　球	13.6	19.5	1.0	10.0
	韩　国	4.6	7.9	0.4	−0.2
	日　本	2.7	−3.8	0.2	−5.6

3. 价格变动

进口价格。大豆和芝麻进口均价上涨，分别上涨 4.2%和 25%；葵花籽、棉籽进口均价下跌，跌幅都超过 10%。从大豆进口价格月度变化看，6 月最高，为 446.6 美元/吨，比年内最低的 2 月高 30.7 美元/吨。

出口价格。葵花籽、亚麻籽、芝麻出口均价上涨；油菜籽、大豆、花生出口均价下跌，其中油菜籽下跌幅度较大（表 19、图 12）。

表 19　2018 年中国主要食用油籽品种进出口价格

单位：美元/吨、%

产　品	进口平均价格	比上年上涨	出口平均价格	比上年上涨
大　豆	432.3	4.2	750.9	−7.9
油菜籽	468.0	2.7	2 299.2	−22.5
芝　麻	1 289.4	25.0	1 993.2	3.7
花　生	690.0	−9.7	1 720.1	−7.7
葵花籽	342.0	−11.9	1 229.6	7.8
亚麻籽	451.9	1.6	1 448.8	5.8

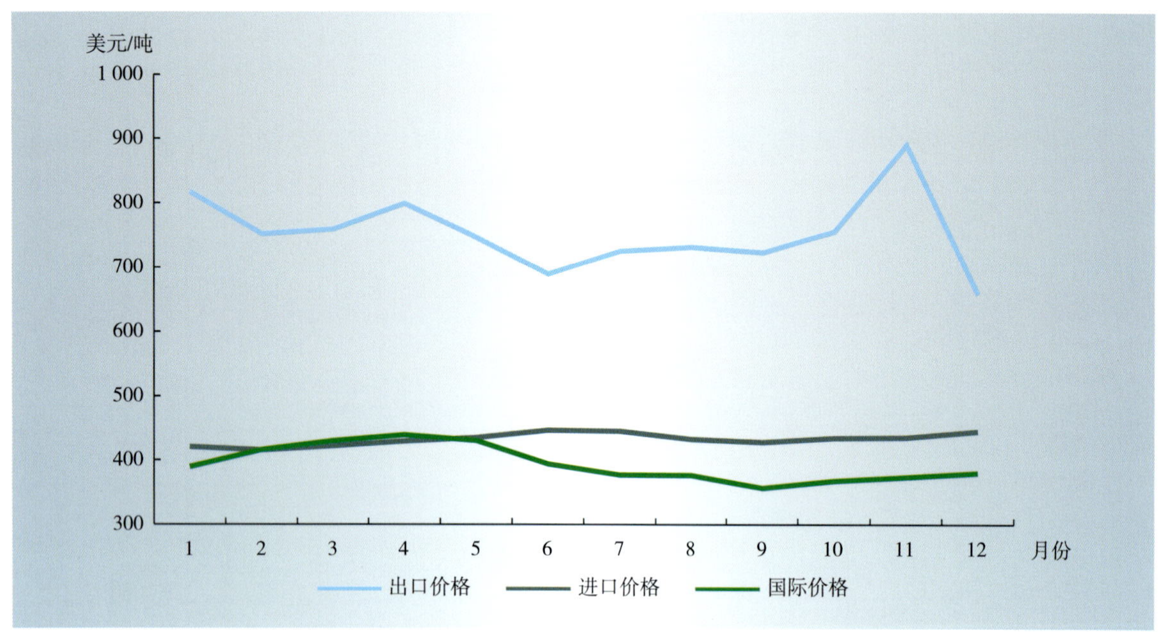

图 12　2018 年大豆月度进出口价格与国际价格比较

数据来源：国际价格来源于世界银行商品数据库，进出口价格根据中国海关数据计算。

（二）影响因素

1. 大豆进口主要受中美经贸摩擦影响大幅下降

2018 年 7 月 6 日美国宣布对自中国进口的 340 亿美元商品加征 25%关税，作为反制措施，中国随后也对包括大豆在内的同等规模美国商品加征 25%进口关税，直接导致下半年自美大豆进口基本停滞。中国自美国进口大豆规模创 2008 年以来新低，自巴西大豆进口增加，进口格局发生明显变化。另外，非洲猪瘟疫情导致国内饲料市场消费疲软，豆粕需求下降也影响了大豆进口。

2. 油菜籽进口因国内加工需求继续保持高位

受美国大豆期货价格影响，2018 年加拿大油菜籽期货价格维持低位震荡，自加拿大进口油菜籽到港成本下降，加之国产油菜籽连年减产，国内加工市场仍然依赖进口。

食用植物油

（一）贸易概况

2018 年，中国食用植物油进出口均量额双增。全年进口量 808.7 万吨，比上年增加 65.9 万吨，增长 8.9%。出口量 29.6 万吨，增加 9.4 万吨，增长 46.5%。进口额 58.6 亿美元，出口额 3.1 亿美元，贸易逆差 55.5 亿美元，扩大 1.9%。

1. 产品结构

（1）主要进口产品

主要进口产品是棕榈油、菜籽油、葵花

油和红花油、豆油，进口量合计占食用植物油进口总量的 97.4%。与上年进口相比，棕榈油量增额减，菜籽油量额双增，葵花油和红花油、豆油量额双减（表 20）。

表 20　2018 年中国进口食用植物油产品结构

单位：万吨、亿美元、%

产　品	进口量	比上年增长	进口额	比上年增长	占食用植物油进口比重	
					进口量	进口额
食用植物油	808.7	8.9	58.6	3.2	100.0	100.0
棕榈油	532.7	4.9	33.9	−2.9	65.9	57.8
菜籽油	129.6	71.2	10.8	72.2	16.0	18.4
葵花油和红花油	70.3	−5.7	5.7	−8.1	8.7	9.7
豆　油	54.9	−16.0	4.4	−18.4	6.8	7.5

（2）主要出口产品

主要出口产品是豆油，出口量占食用植物油出口总量的 73.6%。与上年出口相比，豆油、棕榈油量额齐增，菜籽油量减额增，花生油量增额减（表 21）。

表 21　2018 年中国出口食用植物油产品结构

单位：万吨、亿美元、%

产　品	出口量	比上年增长	出口额	比上年增长	占食用植物油出口比重	
					出口量	出口额
食用植物油	29.6	46.7	3.1	32.1	100.0	100.0
豆　油	21.8	64.2	2.1	51.0	73.6	67.7
棕榈油	3.3	80.6	0.3	71.8	11.1	9.7
菜籽油	1.5	−28.0	0.1	25.2	5.1	3.2
花生油	1.0	19.9	0.2	−0.5	3.4	6.5

2. 贸易区域

（1）进口来源地

中国食用植物油进口来源较集中，按进口量排序前五大进口国依次为印度尼西亚、马来西亚、加拿大、乌克兰和俄罗斯，合计占食用植物油进口总量的 92.6%。分品种看，棕榈油几乎全部来自印度尼西亚和马来西亚，菜籽油的 87%来自加拿大，葵花油和红花油主要来自乌克兰和俄罗斯，豆油主要来自巴西、俄罗斯、阿根廷和乌克兰（表 22）。

表 22　2018 年中国食用植物油进口来源地

单位：万吨、亿美元、%

产　品	来源地	进口量	比上年增长	进口额	比上年增长
棕榈油	合　计	532.7	4.9	33.9	−2.9
	印度尼西亚	355.4	10.5	22.6	2.3
	马来西亚	177.1	−4.9	11.3	−11.7
菜籽油	合　计	129.6	71.2	10.8	72.2
	加拿大	112.7	68.3	9.3	71.3
	俄罗斯	8.1	320.1	0.7	301.7
	乌克兰	3.7	367.6	0.3	359.8
葵花油和红花油	合　计	70.3	−5.7	5.7	−8.1
	乌克兰	44.9	−23.1	3.6	−25.5
	俄罗斯	21.4	77.7	1.7	72.9
豆　油	合　计	54.9	−16.0	4.4	−18.4
	巴　西	19.1	−43.6	1.5	−42.6
	俄罗斯	18.9	47.2	1.5	34.8
	阿根廷	7.7	5 436.7	0.6	3 668.9
	乌克兰	6.1	−4.7	0.5	−9.3

（2）出口市场

中国食用植物油出口较少，出口市场主要在亚洲，按出口量排序前五大市场依次为朝鲜、中国香港、马来西亚、越南和新加坡，合计占食用植物油出口总量的 93.8%。其中，豆油主要出口到朝鲜、中国香港和马来西亚（表 23）。

表 23　2018 年中国食用植物油出口市场

单位：万吨、亿美元、%

产　品	出口市场	出口量	比上年增长	出口额	比上年增长
豆　油	合　计	21.8	64.2	2.1	51.0
	朝　鲜	12.5	23.7	1.4	21.5
	中国香港	4.9	106.9	0.4	96.8
	马来西亚	2.7	135 036.8	0.2	71 902.7

3. 价格变动

2018 年，食用植物油进口均价总体下降。主要进口产品中，棕榈油、豆油、花生油、葵花油和红花油均下降，仅菜籽油略涨。

进口量最大的棕榈油进口年度均价下跌 7.4%，1 月价格最高，为 687.4 美元/吨，12 月下跌至年内最低点的 561.4 美元/吨，跌幅为 19.8%（表 24、图 13）。

表 24　2018 年中国主要食用植物油进出口价格

单位：美元/吨、%

产　品	进口平均价格	比上年上涨	出口平均价格	比上年上涨
棕榈油	637.3	−7.4	792.7	−4.9
菜籽油	836.1	0.6	915.1	3.9
豆　油	797.2	−2.9	959.5	−8.1
花生油	1 205.6	−11.8	2 040.8	−17.0
葵花油和红花油	813.8	−2.6	1 446.4	25.4

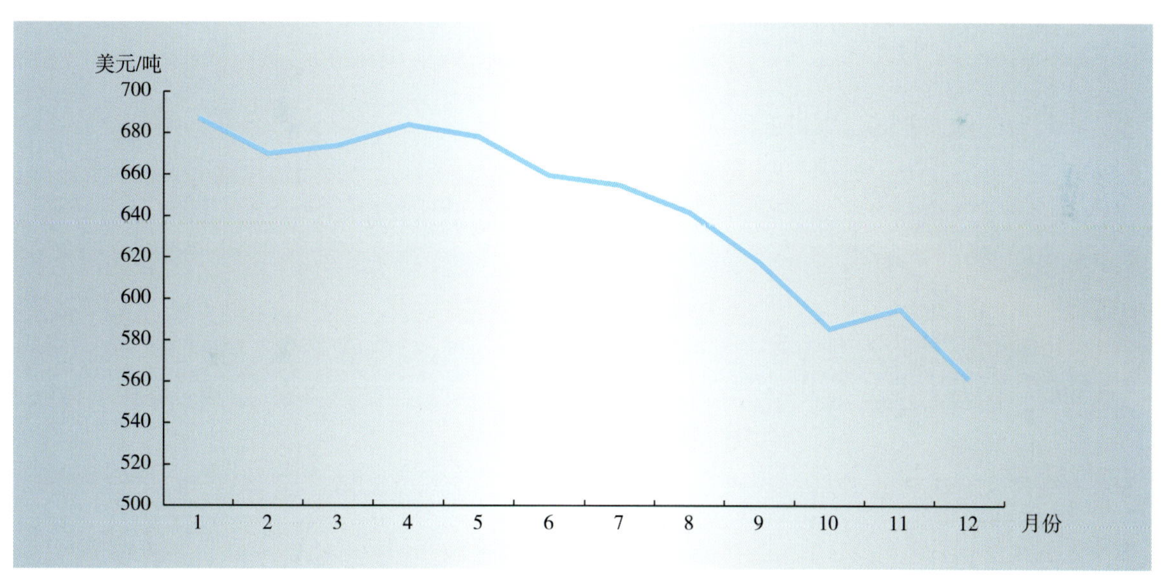

图 13　2018 年棕榈油月度进口价格

（二）影响因素

1. 全球棕榈油增产，价格持续下行，进口动力增加

2018 年，全球前两大棕榈油生产国印度尼西亚和马来西亚增产明显，世界棕榈油供应充足、库存增加，价格持续走低，进口动力增加。10 月，马来西亚出台政策免征毛棕榈油出口关税；11 月，印度尼西亚为抢占市场也将毛棕榈油及棕榈油产品出口关税降至零，带动了年底进口增长。

2. 大豆进口下降，为菜籽油进口增长提供替代空间

2018年，中美经贸摩擦导致自美进口大豆大幅下降，国内大豆压榨量在多年连续增长后首度出现下降，豆油产量减少，为菜籽油进口提供了替代空间，刺激了菜籽油进口增长。

食糖

（一）贸易概况

2018年，中国食糖①进口量增额减、出口量额双增。全年进口量279.6万吨，增长22.1%，进口额10.3亿美元，下降4.6%；出口量19.6万吨，增长23.9%，出口额1亿美元，增长11%。

1. 产品结构

主要进口产品是原糖（未加香料或着色剂的其他甘蔗糖）和砂糖。其中，原糖进口量226.1万吨，增长24.1%，占中国食糖进口总量的80.9%。砂糖进口量51.6万吨，增长12.8%，占中国食糖进口总量的18.5%。此外，绵白糖和未列名精制糖进口量也有明显增长。

主要出口产品是砂糖，出口量13.4万吨，增长44.1%，占食糖出口总量的68.5%（表25）。

表25 2018年中国食糖及其产品贸易情况

单位：万吨、亿美元、%

产品	进口量	出口量	净进口量	净进口量比上年增长	进口额	出口额	净进口额	净进口额比上年增长
食糖	279.6	19.6	260.0	21.9	10.3	1.0	9.3	−6.0
原糖	226.1	1.5	224.6	25.0	7.9	0.08	7.8	−4.6
砂糖	51.6	13.4	38.2	4.7	2.3	0.63	1.7	−12.4
绵白糖	0.8	0.7	0.1	−4 986.4	0.03	0.03	0.0	−1 988.1
未列名精制糖	1.1	4.0	−2.9	−1.7	0.05	0.27	−0.2	−8.9

2. 贸易区域

食糖前五位进口来源地分别是巴西、古巴、泰国、萨瓦尔多和韩国。其中，巴西仍为第一大进口来源国，进口量73.2万吨，占食糖进口量26.2%。与上年相比，从巴西、古巴和泰国的食糖进口量分别下降7.3%、7.3%和0.7%，从萨瓦尔多和韩国进口量增长90.9%和1.4%。

食糖前五大出口市场为朝鲜、蒙古、中国香港、菲律宾和越南，出口量分别为7.3

① 包括未加香料或着色剂的非离心甘蔗糖，砂糖，绵白糖，未列名精制糖，未加香料或着色剂的甜菜原糖，加香料或色料的甘蔗糖、甜菜糖及化学纯蔗糖，未加香料或着色剂的非离心甘蔗糖。

万吨、4.6 万吨、2.4 万吨、2.2 万吨和1 万吨，分别增长 8.3%、40.2%、9.4%、24.7 倍和下降 31.3%（表 26）。

表 26　2018 年中国食糖主要进口来源地

单位：万吨、亿美元、%

进口来源地	进口量	进口量比上年增长	进口量占进口总量的比重	进口额	进口额比上年增长	进口额占进口总额的比重
巴　西	73.2	−7.3	26.2	2.2	−40.0	21.6
古　巴	37.3	−7.3	13.3	1.5	−27.0	14.9
泰　国	28.7	−0.7	10.3	1.1	−24.8	10.6
萨瓦尔多	21.3	90.9	7.6	0.8	85.7	7.8
韩　国	18.4	1.4	6.6	0.9	−13.7	8.5

3. 价格变动

2018 年，全球食糖供给充足，糖价持续低迷。世界食糖价格从 1 月的每吨 311 美元下降至 8 月的 244 美元，为 2007 年 12 月以来最低水平。8 月后价格回升，12 月达每吨 279 美元。

进口食糖月度平均价格先升后降，4 月份最高，为每吨 599 美元，7 月份最低，为每吨 476 美元；进口食糖全年平均价格为每吨 368 美元，比上年下降 21.8%（图 14）。

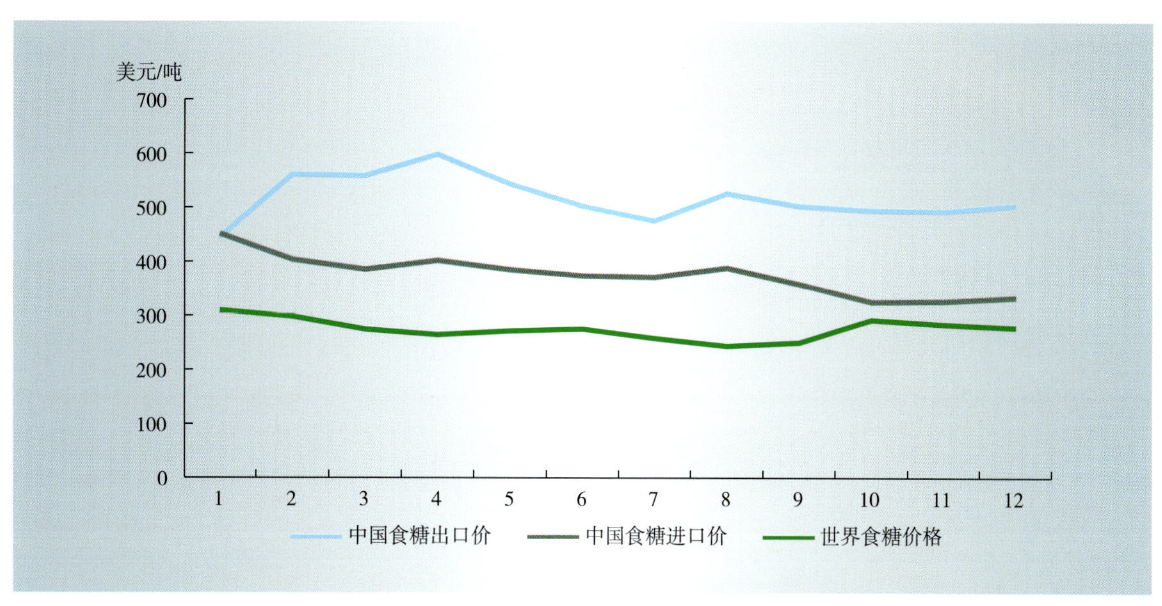

图 14　2018 年中国食糖月度进出口价格与世界食糖价格比较

数据来源：中国进出口食糖价格来源于中国海关，世界食糖价格来源于世界银行商品价格数据库。

（二）影响因素

1. 国际食糖价格持续低迷，食糖进口压力依然较大

2018年，受主产国增产预期、美元升值、巴西雷亚尔贬值等因素影响，国际糖价持续低迷，一度跌至2007年以来最低水平，国内外食糖仍有较大价差，加大了进口压力。

2. 保障措施进行调整，有效发挥了进口调控作用

根据2017年5月22日商务部《关于对进口食糖采取保障措施的公告》，2018年，中国继续对配额外食糖进口实行贸易保障措施。自5月22日起，配额外食糖进口关税由95%调整为90%。同时自8月1日起取消不适用保障措施名单，对所有国家均征收配额外进口食糖保障关税。

蔬菜

（一）贸易概况

2018年，中国蔬菜出口额152.4亿美元，占农产品出口总额的19.1%，比上年下降1.8%；进口额8.3亿美元，增长50%；顺差144.1亿美元，下降3.7%，仍为第一大顺差农产品。

1. 产品结构

（1）出口产品

2018年鲜冷冻蔬菜出口57亿美元，比上年下降10.3%，占出口总额37.4%，下降3.5个百分点；加工保藏蔬菜出口47.8亿美元，增长5.6%，占出口总额31.4%；干蔬菜出口46.1亿美元，增长2.7%，占出口总额30.2%（表27）。

表27 2018年中国蔬菜进出口情况

单位：万吨、亿美元、%

产品	出口				进口			
	出口额	比上年增长	出口量	比上年增长	进口额	比上年增长	出口量	比上年增长
蔬菜	152.4	−1.8	1 124.6	2.7	8.3	50.0	49.1	99.1
鲜冷冻蔬菜	57.0	−10.3	731.0	1.7	1.3	186.4	15.0	230.2
加工保藏蔬菜	47.8	5.6	327.4	3.8	2.8	27.5	23.6	39.0
干蔬菜	46.1	2.7	65.7	9.2	1.5	206.9	9.0	508.2

主要出口蔬菜品种为干蘑菇、大蒜、木耳、加工蘑菇和加工番茄，出口额分别为23.3亿美元、14.2亿美元、10亿美元、7.6亿美元和7亿美元，分别占出口总额的15.3%、9.3%、6.6%、5%和4.6%，合计占比40.7%（表28）。

表 28　2018 年中国主要蔬菜品种出口情况

单位：亿美元、万吨、%

产　品	出口额	比上年增长	占出口总额比重	出口量	比上年增长
蘑菇（干）	23.3	13.5	15.3	13.8	5.1
大　蒜	14.2	−35.5	9.3	188.8	9.9
木　耳	10.0	25.0	6.6	6.3	26.3
蘑菇（加工）	7.6	16.0	5.0	27.8	4.4
番茄（加工）	7.0	1.8	4.6	93.1	5.7

（2）进口产品

2018 年鲜冷冻蔬菜进口 1.3 亿元，比上年增长 186.4%，占蔬菜进口额的 15.1%。加工保藏蔬菜进口 2.8 亿美元，增长 27.5%，占蔬菜进口额的 33.4%。干蔬菜进口 1.5 亿美元，增长 206.9%。

进口额超过 1 000 万美元的蔬菜产品依次是蔬菜种子、马铃薯、辣椒、胡椒、加工番茄、甜玉米和豌豆。除加工番茄进口额下降外，其他主要进口产品均呈上升趋势。

2. 贸易区域

（1）出口市场

2018 年主要蔬菜出口市场为越南、日本、中国香港、韩国和美国，其中越南由上年居中国蔬菜出口第三大市场跃居成为首位。除对美国出口额下降外，对其他主要市场出口额均有所增加（表 29）。

表 29　2018 中国蔬菜主要出口市场

单位：亿美元、万吨、%

国家（地区）	出口额	比上年增长	占出口总额比重	出口量	比上年增长
越　南	23.8	18.6	14.3	106.8	−3.2
日　本	22.9	3.7	13.9	158.6	8.1
中国香港	22.3	3.4	12.9	92.8	−1.0
韩　国	13.5	1.0	8.6	116.4	−3.4
美　国	10.1	−11.8	7.4	54.2	12.8

（2）进口来源地

蔬菜进口来源地依然集中。美国是中国最大进口来源地，2018 年自美国进口 1.8 亿美元，较上年增长 9.7%。此外，来源于越南、日本、印度、比利时、泰国、丹麦、荷兰、智利、新西兰和意大利的蔬菜产品进口额均超过 2 000 万美元。

3. 价格变动

全年蔬菜出口平均价格为每吨 1 354.9 美元，比上年下跌 4.4%；鲜冷冻蔬菜和干蔬菜出口价格分别下降 11.8%和 5.9%；加工保藏蔬菜出口价格增长 1.7%。进口平均价格每吨 1 686.1 美元，下跌 24.1%。

主要出口品种中，芹菜涨幅最为明显，比上年增长 40%；降幅超 10%的产品有干大蒜、大蒜、芦笋、胡椒、加工大蒜、加工油橄榄和松茸 7 种产品，降幅分别为 44.4%、41.3%、31.1%、29.6%、23.2%、22.4%和 12.5%（表 30）。

表 30 2018 年中国蔬菜出口平均价格

单位：美元/吨、%

产　品	出口价格	比上年增长
蔬　菜	1 354.9	−4.4
鲜冷冻蔬菜	780.1	−11.8
加工保藏蔬菜	1 459.9	1.7
干蔬菜	7 007.1	−5.9

2018 年中国蔬菜月度出口价格下降趋势明显，波动基本符合常年规律。其中最高为 1 月的 1 588.6 美元/吨，最低为 8 月的 1 219.6 美元/吨。除 6—7 月价格略高于上年，其余月份价格均有较大幅度下降，有 6 个月跌幅超过 10%，其中 9 月跌幅最大为 14.8%（图 15）。

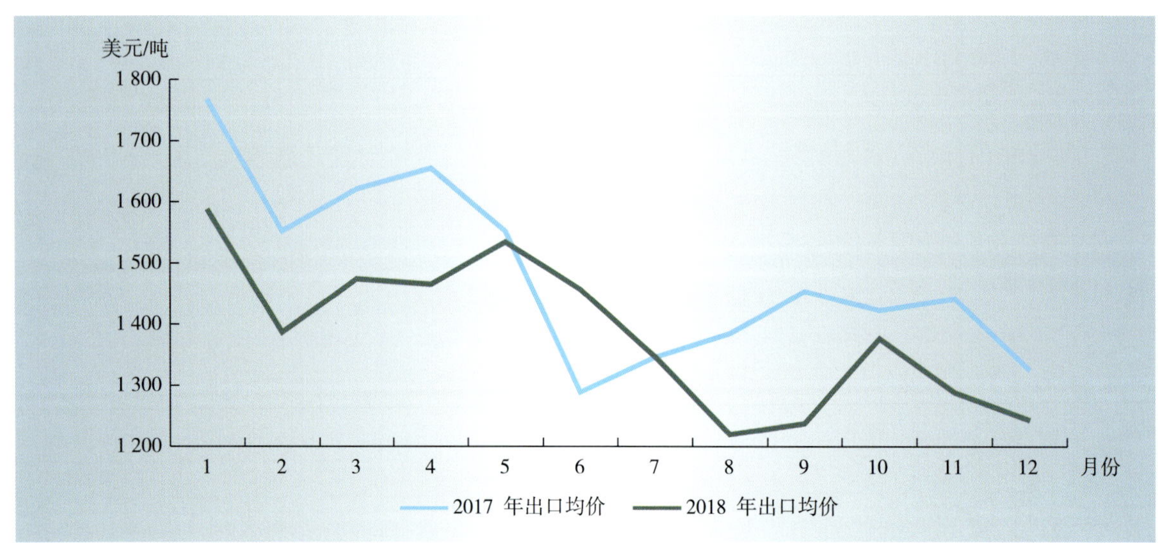

图 15　2017—2018 年中国蔬菜一般贸易方式出口月度价格比较

（二）影响因素

1. 大蒜出口价格持续低迷

中国是大蒜第一大生产国和出口国，国内大蒜市场连续两年供过于求，库存压力大。2018 年，河南、江苏、山东等主产区大蒜丰收，市场供过于求局面并未扭转，出口价格延续了下降趋势，大蒜和加工大蒜出口价格同比分别下降 41.3％和 23.2％，尽管出口量同比增加 9.9％和 3.9％，但出口额仍同比下降了 45.2％和 20.2％。

2. 国内消费的多样化需求带来辣椒等产品的进口大幅增长

随着经济发展和人民生活水平提高，中国居民对蔬菜的需求也随之发生了深刻变化，更加关注多样化，进口成为品种调剂的重要手段。从品种上看，2018 年辣椒进口增加最为迅速，辣椒和干辣椒进口量分别为 10.7 万吨和 8.2 万吨，增幅超过 14 倍和近 10 倍；进口额分别为 8 218 万美元和 1.1 亿美元，增幅达 14 倍和近 9 倍。

3. 越南市场蘑菇和辣椒等品种增速明显

2018 年，越南超过日本成为中国蔬菜的第一大出口市场，中国蔬菜到越南出口额为 23.8 亿美元，同比增加 18.6％。从品种看，蘑菇是出口额最大品种，蘑菇、加工蘑菇和干蘑菇的出口额合计 10.5 亿美元，占总出口额 44％；辣椒是出口额增长最快品种，近五年出口额增长 20 倍。

水果坚果

（一）贸易概况

2018 年，中国水果、坚果贸易量额继续增长。其中水果贸易首次由顺差转为逆差，逆差 12.6 亿美元。

1. 产品结构

（1）水果出口

全年水果出口 509.7 万吨，比上年下降 2％；出口额 71.6 亿美元，增长 1.2％。鲜冷冻水果出口小幅下降，除柑橘外，鲜苹果、葡萄、鲜梨、鲜桃出口量额齐跌。水果汁出口下跌，主要出口品种苹果汁出口量额均降。水果罐头出口量额齐增，柑橘罐头、桃罐头和梨罐头出口量额均增长。其他加工水果出口增长，葡萄干出口增幅较大（表 31）。

（2）水果进口

水果进口量 592.5 万吨，比上年增长 24.8％；进口额 84.2 亿美元，增长 34.5％。鲜冷冻水果进口量额均大幅增长，樱桃、榴莲、香蕉、山竹进口增势明显，其中榴莲和山竹进口分别比上年增长超过和接近 1 倍。水果罐头进口量增额稳。水果汁和其他加工水果进口量额齐增（表 32）。

（3）坚果出口

全年坚果出口量 36.9 万吨，比上年增长 11.2％；出口额 13.1 亿美元，增长 9.7％。出口产品主要是瓜子、栗子和核桃，其中瓜子出口量稳额增，栗子和核桃出口量额均增长较快（表 33）。

（4）坚果进口

进口量 21.1 万吨，比上年增长 26.8%；进口额 12.9 亿美元，增长 42%。进口量排前三位的产品分别为开心果、扁桃核及仁和腰果，进口量额均大幅增长（表 33）。

表 31　2018 年中国主要水果产品出口情况

单位：万吨、亿美元、%

产　品	出口量	比上年增长	出口额	比上年增长
鲜冷冻水果	341.8	−2.0	46.0	−2.1
其中：鲜苹果	111.8	−16.2	13.0	−10.8
柑橘	98.4	26.9	12.6	17.7
鲜葡萄	27.7	−1.2	6.9	−6.2
鲜梨	49.1	−5.4	5.3	−2.4
草莓	6.5	−19.5	1.1	−5.8
鲜桃	6.3	−34.0	0.9	−36.1
水果汁	62.3	−14.2	7.2	−3.2
其中：苹果汁	55.9	−14.8	6.2	−4.1
梨汁	4.2	−9.7	0.4	0.8
水果罐头	57.9	8.8	6.7	16.2
其中：柑橘罐头	32.6	12.1	4.0	26.9
桃罐头	14.7	6.9	1.7	6.3
梨罐头	5.9	13.5	0.5	14.9
其他加工水果	47.8	4.9	11.7	10.4
其中：葡萄干	2.4	72.1	0.5	55.6
草莓	1.1	−19.6	0.4	5.3
红枣	1.1	13.0	0.4	7.5
蜜枣	0.8	−1.0	0.2	13.0

表 32 2018 年中国主要水果产品进口情况

单位：万吨、亿美元、%

产　　品	进口量	比上年增长	进口额	比上年增长
鲜冷冻水果	537.7	25.2	74.0	36.6
其中：樱桃	18.6	82.8	13.1	69.3
榴莲	43.2	92.5	11.0	98.3
香蕉	154.5	48.6	9.0	54.8
柑橘	53.3	14.2	6.3	14.7
葡萄	23.2	−1.0	5.9	−0.8
猕猴桃	11.3	0.7	4.1	17.5
火龙果	51.1	−4.2	4.0	1.8
鲜龙眼	45.7	−13.7	3.7	−16.5
山竹	15.9	123.6	3.5	137.6
水果汁	18.8	20.2	3.7	22.0
其中：柑橘汁	9.8	18.6	1.9	19.3
葡萄汁	1.7	2.0	0.3	27.7
水果罐头	3.7	14.9	0.4	−1.5
其中：菠萝罐头	2.3	36.8	0.2	4.1
桃罐头	1.1	14.7	0.2	−13.7
其他加工水果	32.4	22.8	6.0	22.2
其中：龙眼（干、肉）	8.4	45.1	1.3	37.3
制作或保藏的蔓越橘	2.1	30.6	0.7	30.8
制作或保藏的柑橘	6.3	−6.1	0.6	−7.5
葡萄干	3.8	13.8	0.5	21.4

表 33 2018 年中国主要坚果进出口情况

单位：万吨、亿美元、%

出　口					进　口				
产　品	出口量	比上年增长	出口额	比上年增长	产　品	进口量	比上年增长	进口额	比上年增长
瓜　子	13.5	0.3	3.4	4.0	开心果	5.5	86.6	3.5	92.0
栗　子	4.9	11.0	1.3	10.3	扁桃核及仁	3.6	119.6	2.0	113.3
核　桃	3.3	77.8	1.6	42.4	腰　果	1.8	43.9	1.0	72.1

2. 贸易区域

（1）水果

按出口额排序，前五大出口市场依次是越南、美国、泰国、日本和俄罗斯。对上述市场出口额合计37.8亿美元，占出口总额的52.8%；出口量合计249.3万吨，占出口总量的48.9%。其中，对泰国出口降幅较大，对俄罗斯出口量额齐增。

按进口额排序，前五大进口来源地依次是泰国、智利、越南、菲律宾和新西兰，五国进口额合计58.2亿美元，占进口总额的69.2%；进口量合计414.4万吨，占进口总量69.9%。自上述五国进口均大幅增长，其中自泰国、智利尤为明显，进口额和进口量增长分别为近七成和超五成（表34）。

表34　2018年中国水果前五大出口市场和进口来源地贸易情况

单位：亿美元、万吨、%

出口市场					进口来源地				
国家（地区）	出口额	比上年增长	出口量	比上年增长	国家（地区）	进口额	比上年增长	进口量	比上年增长
越　南	10.1	−5.4	59.6	0.7	泰　国	20.6	66.7	105.3	57.1
美　国	8.9	16.5	68.6	3.2	智　利	17.3	67.2	40.6	51.4
泰　国	7.6	−12.3	41.7	−8.5	越　南	8.0	15.5	136.3	15.8
日　本	5.7	4.8	27.2	−0.8	菲律宾	7.8	37.6	120.3	34.4
俄罗斯	5.5	11.0	52.3	13.5	新西兰	4.5	24.4	11.9	11.8
合　计	37.8	—	249.3	—	合　计	58.2	—	414.4	—

（2）坚果

按出口额排序，前五大出口市场依次为美国、日本、德国、荷兰和越南，与上年相比，越南取代韩国居第五位。对上述市场的出口额合计5.5亿美元，占出口总额42.4%；出口量合计12.6万吨，占出口总量34.3%。与上年相比变化最大的是越南，出口额增长83.2%，出口量增长61.2%。

按进口额排序，前五大进口来源地依次为美国、越南、澳大利亚、南非和土耳其，与上年相比，南非和土耳其取代了蒙古和朝鲜。自前五大来源地的进口额合计10.6亿美元，占进口总额82.3%；进口量合计16.6万吨，占进口总量78.6%（表35）。自上述五国进口量额均大幅增长，其中从南非进口增加约4倍，从越南进口增加1倍多。

表 35　2018 年中国坚果前五大出口市场和进口来源地贸易情况

单位：亿美元、万吨、%

出口市场					进口来源地				
国家（地区）	出口额	比上年增长	出口量	比上年增长	国家（地区）	进口额	比上年增长	进口量	比上年增长
美　国	1.9	13.8	4.0	17.4	美　国	6.2	61.0	10.1	57.4
日　本	1.3	1.6	2.8	1.4	越　南	1.6	121.1	1.7	173.0
德　国	1.1	−12.8	1.9	−14.1	澳大利亚	1.4	126.7	2.4	95.4
荷　兰	0.6	−3.4	1.9	−5.3	南　非	0.9	409.6	1.6	396.1
越　南	0.6	83.2	2.1	61.2	土耳其	0.6	0.3	0.8	19.1
合　计	5.5	—	12.6	—	合　计	10.6	—	16.6	—

3. 价格变动

（1）水果

总体看，中国水果出口价格微涨，进口价格略降。鲜冷冻水果中，主要品种出口价格出现分化，鲜苹果和鲜梨上涨，柑橘和鲜葡萄下降；进口品种中猕猴桃、榴莲价格上涨，樱桃价格下跌，香蕉、火龙果、鲜龙眼等价格与上年基本持平。水果罐头总体出口价格上涨，其中柑橘罐头价格上涨，桃罐头价格下跌。水果汁出口价格呈恢复性增长，进口价格略跌。其中，苹果汁出口价格比上年大幅上涨，柑橘汁进口价格与上年持平。其他加工水果出口价格上涨，进口价格下跌（表 36）。

表 36　2018 年一般贸易方式下中国水果产品平均进出口价格

单位：美元/吨、%

产　品	出　口		进　口	
	平均价格	比上年上涨	平均价格	比上年上涨
水　果	1 407	2.9	1 556	−1.9
鲜冷冻水果	1 372	−0.6	1 533	−1.2
鲜苹果	1 156	7.1		
鲜　梨	1 068	3.1		
柑　橘	1 326	−9.3	1 188	0.4
鲜葡萄	2 558	−5.9	2 531	0.2
香　蕉			596	−0.8
榴　莲			2 535	3.0

（续）

产　品	出　口		进　口	
	平均价格	比上年上涨	平均价格	比上年上涨
火龙果			815	0.6
猕猴桃			3 629	16.6
樱　桃			7 022	−7.6
鲜龙眼			1 302	−0.7
水果罐头	1 085	8.5	1 244	−11.7
柑橘罐头	1 134	5.8		
桃罐头	1 046	−8.4		
水果汁	1 153	13.0	2 009	−1.3
苹果汁	1 112	12.4		
柑橘汁	2 638	10.1	1 991	−0.1
其他加工水果	2 460	4.6	1 698	−4.3

（2）坚果

坚果平均出口价格基本稳定，主要出口产品中瓜子上涨，栗子与上年持平，核桃下跌。平均进口价格略涨，主要进口产品腰果、开心果和扁桃仁均上涨，但涨幅各异（表 37）。

表 37　2018 年一般贸易方式下中国主要坚果平均进出口价格

单位：美元/吨、%

产　品	出　口		产　品	进　口	
	平均价格	比上年上涨		平均价格	比上年上涨
坚　果	2 847	0.7	坚　果	7 030	1.3
瓜　子	2 476	3.6	开心果	7 590	0.5
栗　子	2 543	0.2	扁桃仁	6 241	2.8
核　桃	5 632	−3.6	腰　果	5 606	27.7

（二）影响因素

1. 樱桃受主产国智利进口价格大幅下降影响进口快速增长

近年来中国樱桃消费强劲增长，为满足中国不断增长的需求，智利扩大种植，已成为中国樱桃进口第一大来源地，樱桃从智利进口占比 80%左右。智利樱桃主要于次年年初销往中国，2017 年天气条件有利，增产78.2%，价格大幅下降，促进了对中国的出口。

2. 榴莲受国内主要电商营销促销影响进口增幅较大

近年来国内对榴莲需求量增大。随着电商的崛起和物流的提升，网购榴莲成为消费热点。2018年，中国主要电商均加强了对榴莲的营销促销，推出了“榴莲预售”“榴莲季”“榴莲狂欢购”等活动，进一步扩大了国内榴莲消费，导致进口增加。

3. 国内香蕉减产价格高企导致进口增加

受前几年香蕉比较效益较低影响，不少蕉农改种其他作物，国内香蕉种植面积锐减，加上台风导致主产区香蕉生产严重受损，产量下降，价格大幅上涨。国内的消费需求拉动了香蕉进口。

4. 苹果受减产、中美经贸摩擦及印度进口禁令影响出口下降

一是2018年春季霜冻导致苹果减产，苹果产品价格上涨，出口竞争力下降。二是中国苹果汁最大出口市场是美国，受美国在中美贸易摩擦中对中国苹果汁加征10%关税影响，出口下降。三是印度以从中国苹果检出有害微生物为由自2017年6月起全面暂停中国苹果进口，2018年仍未解禁。

茶叶

（一）贸易概况

2018年中国茶叶贸易保持增长，贸易顺差扩大。出口量37.7万吨，比上年增长2.9%；出口额19.1亿美元，增长10.3%。进口量3.8万吨，增长19.8%；进口额2亿美元，增长20.4%。贸易顺差17亿美元，扩大9.2%。

1. 产品结构

出口产品以绿茶为主，绿茶出口量额同增。绿茶出口量所占比重为80.3%，与上年持平；出口额所占比重为64.1%，减少1.5个百分点。红茶出口量减额增；乌龙茶、花茶出口均量额同增；普洱茶出口量增额减（表38）。

表38 2018年中国出口茶叶产品结构

单位：百吨、百万美元、%

产品	出口量	比上年增长	出口额	比上年增长	占茶叶出口比重	
					出口量	出口额
茶叶	3 774.3	2.9	1 907.2	10.3	100.0	100.0
绿茶	3 028.9	2.8	1 222.6	7.8	80.3	64.1
红茶	330.0	−7.2	280.5	1.0	8.7	14.7
乌龙茶	189.6	17.2	180.5	53.1	5.0	9.5
花茶	69.2	12.2	66.2	30.0	1.8	3.5
普洱茶	29.7	9.3	28.0	−4.9	0.8	1.5

进口产品以红茶为主。红茶进口量额同增，进口量所占比重下降 2.5 个百分点，进口额所占比重减少 5 个百分点。绿茶、乌龙茶、花茶进口均量额同增，乌龙茶进口额占比增加 2.6 个百分点（表 39）。

表 39　2018 年中国进口茶叶产品结构

单位：百吨、百万美元、%

产　品	进口量	比上年增长	进口额	比上年增长	占茶叶进口比重	
					进口量	进口额
茶　叶	383.0	19.7	201.8	19.7	100.0	100.0
红　茶	295.3	16.0	117.7	10.4	77.1	58.3
绿　茶	31.4	46.0	17.5	48.3	8.2	8.7
乌龙茶	23.1	25.4	38.8	38.6	6.0	19.2
花　茶	2.8	85.2	3.8	49.1	0.7	1.9

2. 贸易区域

（1）出口市场

按出口额排序，前五大出口市场依次为中国香港、摩洛哥、越南、美国和马来西亚，出口额合计 8.8 亿美元，占出口总额的 46.1%。其中，对中国香港出口 3.4 亿美元，占 17.8%，比上年增长 22.4%；对摩洛哥出口 2.4 亿美元，占 12.4%，增长 3.5%（表 40）。

表 40　2018 年中国茶叶出口主要市场

单位：百吨、百万美元、%

出口市场	出口额	比上年增长	出口量	比上年增长	占茶叶出口比重	
					出口额	出口量
中国香港	339.4	22.4	171.0	6.2	17.8	4.5
摩洛哥	237.2	3.5	775.8	2.9	12.4	20.6
越　南	111.2	13.8	52.3	42.4	5.8	1.4
美　国	108.8	9.6	174.3	3.4	5.7	4.6
马来西亚	82.0	26.8	37.7	4.6	4.3	1.0
小　计	878.6	14.4	1 211.1	4.8	46.1	32.1

按出口量排序，前五大出口市场依次是摩洛哥、乌兹别克斯坦、塞内加尔、美国和中国香港，合计出口 15.5 万吨，占出口总量的 41%。其中，对摩洛哥出口 7.8 万吨，

占 20.6%。出口量 1 万吨以上的市场还包括俄罗斯、加纳、阿尔及利亚、毛里塔尼亚、多哥、日本和德国。

（2）进口来源地

按进口额排序，前五大进口来源地依次为斯里兰卡、中国台湾、印度、美国和肯尼亚，合计进口 1.6 亿美元，占进口总额的 77.3%（表 41）。按进口量排序，前五大进口来源地依次是斯里兰卡、印度、中国台湾、印度尼西亚和肯尼亚，合计进口 2.8 万吨，占进口总量的 72.3%；其中从斯里兰卡进口 1.1 万吨，占 29%。

表 41　2018 年中国茶叶进口主要来源地

单位：百吨、百万美元、%

进口来源地	进口额	比上年增长	进口量	比上年增长	占茶叶进口比重	
					进口额	进口量
斯里兰卡	60.8	10.2	111.2	9.7	30.1	29.0
中国台湾	56.2	26.5	41.4	3.2	27.8	10.8
印　　度	27.5	9.2	104.6	19.2	13.6	27.3
美　　国	6.4	60.2	2.9	69.5	3.2	0.8
肯 尼 亚	5.1	44.7	17.9	36.3	2.5	4.7
小　　计	156	17.9	278.0	13.9	77.3	72.6

3. 价格变动

（1）国际市场价格呈下滑态势，整体降幅较大

2018 年，国际茶叶拍卖价格①全年平均 2 847.5 美元/吨，每吨比上年同期下降 301 美元，降幅 9.6%。分月度看，1—2 月月度价格高于上年同期，3—12 月月度价格则低于上年同期。整体看，1—12 月月度价格呈较为明显下滑趋势，3 月以来降幅不断扩大（图 16）。

（2）茶叶出口价格保持增长，进口价格持平

茶叶出口价格保持增长。2018 年出口均价为 5 053 美元/吨，比上年上涨 7.2%；其中绿茶出口价格上涨 4.9%，红茶出口价格上涨 8.9%，乌龙茶、花茶出口价格涨幅较大。茶叶进口价格与上年持平，分品种看，绿茶、乌龙茶、普洱茶进口价格比上年上涨，红茶、花茶进口价格下降（图 17，表 42）。

① 加尔各答、科伦坡和蒙巴萨三大国际茶叶拍卖市场均价。

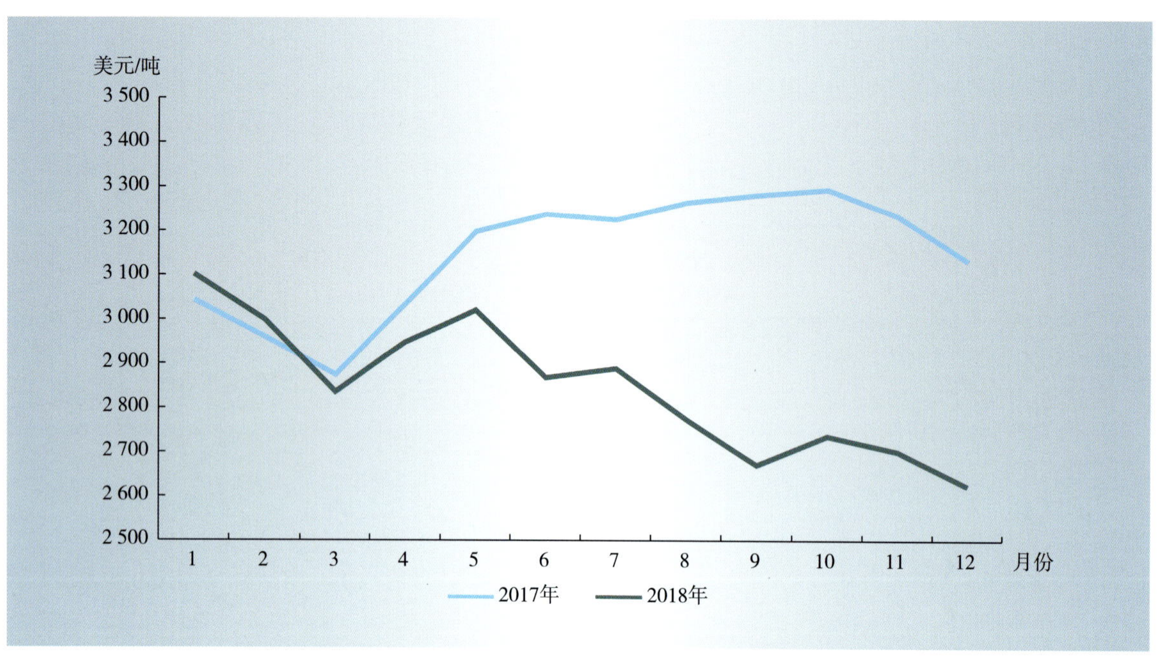

图 16　2017—2018 年国际市场茶叶拍卖价格比较

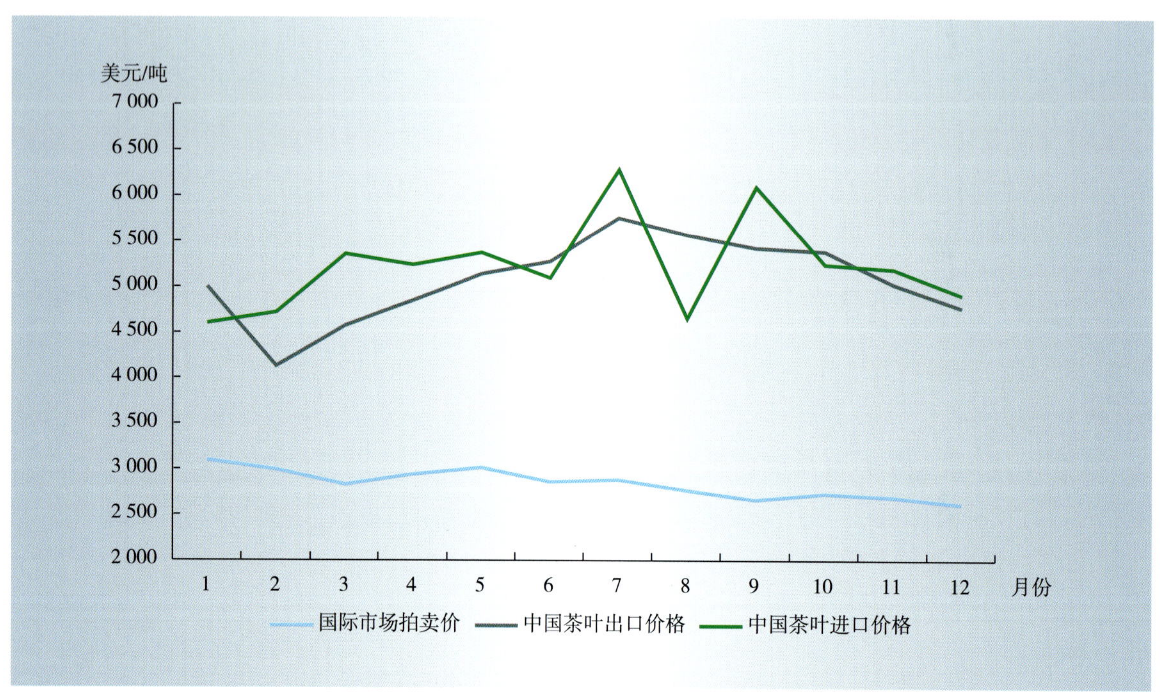

图 17　2018 年中国茶叶进出口价格与国际市场茶叶拍卖价格比较

表 42 2017—2018 年中国茶叶产品进出口价格比较

单位：美元/吨、%

产 品	出口价格			进口价格		
	2017 年	2018 年	比上年上涨	2017 年	2018 年	比上年上涨
茶 叶	4 711.6	5 053.0	7.2	5 268.6	5 269.2	0.0
绿 茶	3 848.8	4 036.4	4.9	5 482.8	5 568.7	1.6
红 茶	7 808.2	8 501.5	8.9	4 188.4	3 987.7	−4.8
乌龙茶	7 284.4	9 517.5	30.7	15 214.6	16 809.4	10.5
花 茶	8 261.2	9 571.2	15.9	16 541.6	13 318.7	−19.5
普洱茶	10 854.0	9 440.0	−13.0	2 849.6	3 234.2	13.5

（二）影响因素

1. 国际市场需求回暖，拉动绿茶出口增长

国际市场形势向好，需求回暖，且绿茶出口品质不断提升，拉动出口量额同增。2018 年，对主要出口市场绿茶出口均比上年增长。其中对摩洛哥绿茶出口量额分别增长 3.5%、3.8%；对乌兹别克斯坦分别增长 2.1%、11.3%；对塞内加尔分别增长 27.9%、34%；对美国分别增长 12.1%、16.3%；对中国香港分别增长 3.4%、31%；对马来西亚分别增长 11.1%、39%。

2. 红茶进口价格下跌，推动了进口增长

红茶进口来源地集中度较高，2018 年进口量超过 1 000 吨的来源地共 4 个，合计进口 2.4 万吨，占红茶进口总量 82%。2018 年，红茶进口均价 3 987.7 美元/吨，比上年下跌 4.8%。从 4 个主要进口来源地看，自印度、印度尼西亚进口价格分别下跌 9%、11.7%，自斯里兰卡进口价格持平，推动了红茶进口增长。2018 年红茶进口量 3 万吨，进口额 1.2 亿美元，分别比上年增长 16%、10.4%。

畜产品

（一）贸易概况

2018 年，中国畜产品进出口均保持快速增长，贸易逆差继续扩大。贸易总额 353.8 亿美元，比上年增长 10.6%。其中，出口额 68.6 亿美元，增长 7.9%，进口额 285.2 亿美元，增长 11.3%。贸易逆差 216.6 亿美元，比上年扩大 12.5%。乳品、生猪产品、牛产品、动物毛、生猪产品、动物生皮、羊产品、动物生毛皮、马驴骡等为逆差，肠衣、家禽产品、羽毛、蜂产品、蛋产品、兔产品等保持顺差（图 18）。

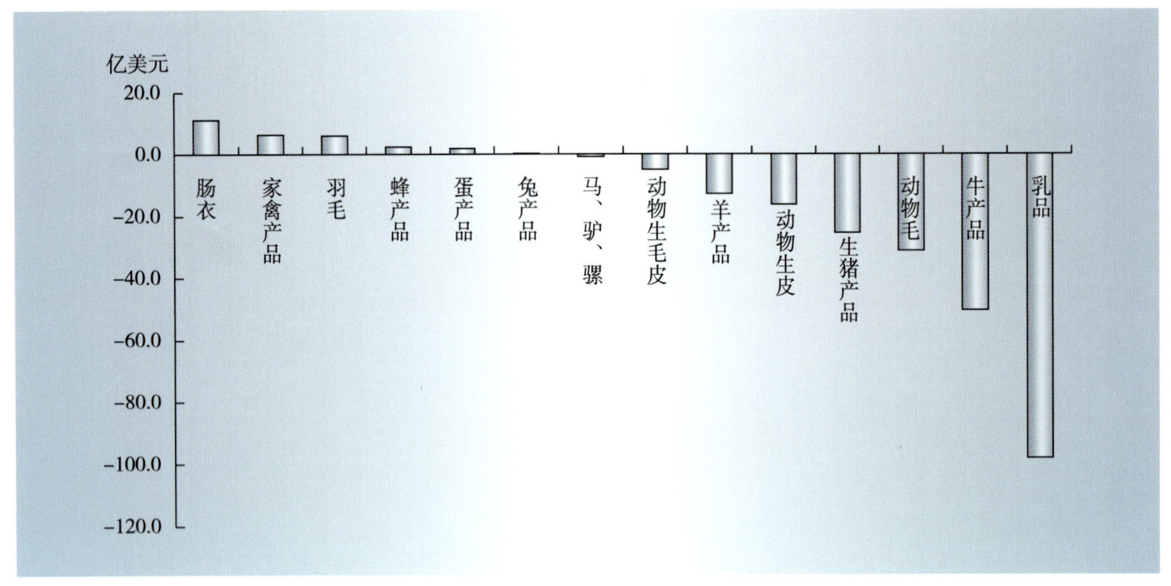

图 18　2018 年中国各类畜产品贸易差额情况

1. 产品结构

2018 年，贸易总额超过 10 亿美元的畜产品有 9 类，依次是乳品、牛产品、生猪产品、动物毛、家禽产品、动物生皮、肠衣、羊产品和羽毛，9 类产品贸易额合计 328.6 亿美元，占畜产品贸易总额的 92.9%（表 43）。

（1）出口产品

2018 年出口额超过1 亿美元的畜产品是家禽产品、肠衣、生猪产品、羽毛、乳品、蜂产品、动物毛、蛋产品和牛产品 9 类产品，出口额合计 63.7 亿美元，占畜产品出口总额 92.5%。与上年相比，家禽产品、蛋产品、乳品、动物毛、动物生皮、动物生毛皮、肠衣、羽毛等出口额增长，生猪产品、牛产品、羊产品、兔产品、蜂产品等出口额下降。

（2）进口产品

2018 年进口额超过 10 亿美元的畜产品有乳品、生猪产品、牛产品、动物毛、动物生皮、羊产品和家禽产品等 7 类产品，进口额合计 277 亿美元，占畜产品进口总额 97.1%。与上年相比，羽毛、牛产品、羊产品、动物毛、乳品、家禽产品、肠衣等进口额增加，蜂产品、生猪产品、动物生皮等进口额下降。

（3）主要畜产品贸易

生猪产品。出口额 10.9 亿美元，比上年下降 5.8%；进口额 36.3 亿美元，下降 17.6%；贸易逆差 25.4 亿美元，比上年缩小 21.8%。

加工猪肉、活猪和猪肉为主要出口产品。加工猪肉出口额 4.7 亿美元，比上年增长 3.6%，出口量 11.4 万吨，增长 5.3%；活猪出口额 4.3 亿美元，下降 5.1%；出口量 158 万头，增长 0.8%；猪肉出口额 2 亿美元，出口量 4.2 万吨，分别下降 24.5%和 18.6%。

表 43 2018 年中国畜产品进出口情况

单位：百万美元、%

产　品	出口额			进口额			贸易逆差	
	金　额	比上年增长	占出口总额比重	金　额	比上年增长	占进口总额比重	金　额	比上年增长
畜产品	6 858.5	7.9	100.0	28 516.5	11.3	100.0	21 658.0	12.5
生猪产品	1 091.9	−5.8	15.9	3 625.7	−17.6	12.7	2 533.8	−21.8
牛产品	144.0	−3.5	2.1	5 183.3	54.4	18.2	5 039.3	57.1
羊产品	34.3	−26.1	0.5	1 315.0	48.9	4.6	1 280.8	53.1
马驴骡	1.5	602.4	0.0	82.3	8.8	0.3	80.9	7.1
家禽产品	1 808.3	8.1	26.4	1 170.4	11.4	4.1	−637.9	2.7
兔产品	29.3	−1.9	0.4	0.4	−6.3	0.0	−28.9	−1.9
骆驼产品	0.0			1.4	−53.4	0.0	1.4	−53.4
蜂产品	322.0	−3.9	4.7	82.6	−16.3	0.3	−239.3	1.3
蛋产品	188.1	1.0	2.7	0.0	−86.7	0.0	−188.1	1.0
乳　品	367.4	196.8	5.4	10 182.3	14.5	35.7	9 814.9	11.9
动物毛	259.3	0.9	3.8	3 369.7	16.2	11.8	3 110.4	17.7
动物生皮	14.1	14.6	0.2	1 640.7	−25.5	5.8	1 626.5	−25.7
动物生毛皮	2.3	20.7	0.0	492.5	−27.7	1.7	490.2	−27.8
肠　衣	1 356.5	0.7	19.8	242.6	10.2	0.9	−1 113.9	−1.2
羽　毛	831.9	30.9	12.1	227.3	67.0	0.8	−604.6	21.1
其他畜产品	387.9	0.4	5.7	663.6	18.4	2.3	275.7	58.3

猪肉和猪杂碎是主要进口产品。猪肉进口量 119.3 万吨，进口额 20.7 亿美元，分别下降 2%和 6.6%；猪杂碎进口量 96.1 万吨，进口额 15.3 亿美元，分别下降 25.1%和 28.9%。

牛产品。出口额 1.4 亿美元，比上年下降 3.5%；进口额 51.8 亿美元，增长 54.4%；贸易逆差 50.4 亿美元，比上年扩大 57.1%。

加工牛肉、非种用活牛为主要出口产品。加工牛肉出口量 1.2 万吨，增长 1.8%，出口额 8 026.5 万美元，增长 1%；非种用活牛出口量 1.9 万头，下降 2%，出口额 6 047.9 万美元，下降 2.2%；牛肉出口量 433.7 吨，出口额 319.8 万美元，分别下降 53%和 59.5%。

牛肉和非种用活牛是主要进口产品。进口最多的是牛肉，进口量 103.9 万吨，进口额 48 亿美元，分别增长 49.5%和 56.6%；其次是非种用活牛，进口 11.7 万头，进口额 2 亿美元，均比上年增加 2.6 倍；种牛进口 4 万头，进口额 0.7 亿美元，分别下降 42.8%和 54.1%；牛杂碎进口量 2.3 万吨，进口额 8 898.6 万美元，分别增长 14.9%和 20.9%。

羊产品。出口额 0.3 亿美元，比上年下降 26.1%；进口额 13.2 亿美元，增长 48.9%；贸易逆差 12.8 亿美元，比上年扩大 53.1%。

羊肉是主要贸易产品。出口量 3 294.4 吨，出口额 3 348.1 万美元，分别下降 36.1%和 26.5%；进口量 31.9 万吨，进口额 13.1 亿美元，分别增长 28.1%和 49%。

蛋产品。出口额 1.9 亿美元，比上年增长 1%，进口额 2 万美元，下降 86.7%。

鲜蛋和加工蛋是主要出口产品。鲜蛋出口量 7.1 万吨，下降 13.7%，出口额 1.1 亿美元，下降 1.9%；加工蛋出口量 2.8 万吨，下降 5.8%，出口额 7 635.7 万美元，增长 5.4%。

乳品。贸易逆差 98.1 亿美元，比上年扩大 11.9%。进口额 101.8 亿美元，增长 14.5%。其中，奶粉进口量 115.3 万吨，进口额 72.5 亿美元，分别增长 10.9% 和 17%；鲜奶进口量 67.3 万吨，进口额 9.1 亿美元，分别增长 0.9%和 3.8%；乳清粉进口量 55.5 万吨，增长 5.3%，进口额 6.2 亿美元，下降 5%。出口额 3.7 亿美元，比上年增加 2 倍。其中，奶粉出口量 2.1 万吨，出口额 3.2 亿美元，分别增加 1.2 倍和 2.6 倍；鲜奶出口量 2.7 万吨，增长 17.1%，出口额 2 503.5 万美元，增长 21.2%。

动物毛。出口额 2.6 亿美元，比上年增长 0.9%；进口额 33.7 亿美元，增长 16.2%。出口产品中，羊毛出口量 1.2 万吨，出口额 5 467.7 万美元，分别增长 13.4%和 12%；猪鬃、猪毛出口量 5 525.3 吨，出口额 7 511.2 万美元，分别下降 16.2%和 10.9%。进口产品中，羊毛进口量 37 万吨，进口额 32.2 亿美元，分别增长 7%和 17%；山羊绒进口量 5 571 吨，进口额 1.2 亿美元，分别下降 23.7%和 7.5%。

动物生皮和动物生毛皮。动物生皮出口额 0.1 亿美元，比上年增长 14.6%；进口额 16.4 亿美元，下降 25.5%。动物生毛皮出口额 234 万美元，增长 20.7%；进口额 4.9 亿美元，下降 27.7%。

2. 贸易区域

（1）出口市场

按出口额排序，2018 年畜产品前 5 大出口市场依次为中国香港、日本、越南、德国和美国，出口额合计为 47.7 亿美元，占畜产品出口总额 69.5%。与上年相比，除德国外，对其他四大出口市场的出口均有不同程度上升，其中对越南和中国香港出口增幅较大（表 44）。

表 44 2018 年中国畜产品主要出口市场

单位：亿美元、%

国家（地区）	出口额	比上年增长	占出口总额比重
中国香港	22.2	10.4	32.4
日　　本	14.6	6.4	21.3
越　　南	3.8	17.3	5.5
德　　国	3.7	−9.5	5.4
美　　国	3.4	4.9	4.9

对中国香港主要出口生猪产品、家禽产品、乳品和蛋产品，出口额分别为7.9亿美元、5.4亿美元、3.4亿美元和1.3亿美元，占对港畜产品出口总额的35.4%、24.4%、15.3%和6.1%。其中，活猪出口量16.4万吨，比上年增长2.9%，出口额4亿美元，下降5%；猪肉出口量3.6万吨，出口额1.7亿美元，分别下降22.8%和28.9%；加工猪肉出口量4.3万吨，出口额2.2亿美元，分别增长2.3%和2.9%。出口家禽产品18万吨，下降3.2%。出口蛋产品7.7万吨，下降11%。出口乳品4.6万吨，增长45.1%。

对日本主要出口产品为家禽、生猪产品和肠衣，出口额分别占对日畜产品出口总额的63.4%、8.7%和8.7%。其中家禽产品出口量21.6万吨，出口额9.3亿美元，比上年分别增长8%和8.4%；生猪产品出口量3.3万吨，出口额1.3亿美元，分别下降5.4%和6.1%；其他畜产品对日出口以肠衣为主，出口量3 825.5吨，出口额1.3亿美元，分别下降12%和19.9%。

（2）进口来源地

按进口额排序，前5大进口来源地依次为新西兰、澳大利亚、巴西、荷兰和美国，进口额合计占畜产品进口总额的62.9%（表45）。

表 45 2018 年中国畜产品主要进口来源地

单位：亿美元、%

国家（地区）	进口额	比上年增长	占进口总额的比重
新 西 兰	58.3	19.5	20.4
澳大利亚	51.4	18.6	18.0
巴　　西	27.8	48.9	9.7
荷　　兰	22.3	27.1	7.8
美　　国	19.6	−32.9	6.9

从新西兰进口58.3亿美元，比上年增长19.5%，产品主要是乳品、羊产品、牛产品和动物毛，这4类产品进口额合计占自新畜产品进口总额的94.5%。其中，乳品进口量103.5万吨（其中奶粉64万吨，鲜奶23.3万吨），进口额39亿美元，分别增长9.1%和14.6%；羊产品进口量18.3万吨，进口额8.1亿美元，分别增长28.5%和50.1%；牛产品进口量12.1万吨，进口额5.7亿美元，分别增长31.5%和24%；动物毛进口量5.2万吨，进口额2.3亿美元，分别增长37%和39.5%。

从澳大利亚进口51.4亿美元，比上年增长18.6%。进口产品主要为动物毛、牛产品、乳品、羊产品和动物生皮，这5类产品进口额合计占自澳畜产品进口总额的97.4%。其中，羊毛进口量16.8万吨，进口额22.8亿美元，分别下降8.2%和12%；牛产品进口量22.3万吨，进口额12.4亿美元，分别增长57.3%和54.9%；乳品进口量18.2万吨，进口额6亿美元，分别增长5.2%和6.4%；羊产品进口量13.1万吨，进口额4.8亿美元，分别增长28.2%和47.8%；动物生皮进口量32.5万吨，进口额4.1亿美元，分别下降4.5%和18.1%。

从巴西进口27.8亿美元，比上年增长48.9%。主要进口牛产品、家禽产品、生猪产品，这3类产品进口额合计占自巴西畜产品进口总额的99.7%。其中，牛产品进口量32.3万吨，进口额15.2亿美元，分别增长63.3%和74.5%；家禽产品进口量42.1万吨，进口额9.3亿美元，分别增长10.3%和6.3%；生猪产品进口量15万吨（其中猪肉15万吨），进口额3.2亿美元，分别增长2.1倍和1.8倍。

从美国进口19.6亿美元，比上年下降32.9%。主要进口动物生皮、生猪产品和乳品，这3类产品进口额合计占自美畜产品进口总额的80%。其中，生猪产品进口量26.3万吨（其中猪肉8.6万吨，猪杂碎17.7万吨），进口额4.8亿美元，分别下降55%和58.9%；动物生皮进口量39.5万吨，进口额6.6亿美元，分别下降4.9%和27.7%；乳品进口量30.8万吨，进口额4.2亿美元，分别下降10.2%和15.4%。

3. 价格变动

2018年，一般贸易方式下（以下价格均为一般贸易方式下的价格）牛肉、加工牛肉、羊肉、鲜蛋、肠衣、羽毛、羊毛出口价格和牛肉、牛杂碎、羊肉、鲜奶、羊毛进口价格上涨，其他主要畜产品进、出口价格均下跌（表46）。

（1）生猪产品。出口活猪平均每吨2 440美元，比上年下跌7.7%；出口猪肉每吨4 757美元，下跌6.4%，出口加工猪肉每吨4 115美元，下跌1.2%。进口猪肉每吨1 733美元，下降4.8%，进口猪杂碎每吨1 588美元，下降5.3%。

（2）牛产品。出口牛肉平均每吨10 039美元，比上年增长6.8%；出口加工牛肉每吨8 119美元，上涨5%。进口牛肉每吨

4 632 美元，上涨 2.8%；进口牛杂碎每吨 3 773 美元，上涨 4.9%。

（3）羊产品。出口羊肉平均每吨 10 162 美元，比上年上涨 14.4%；进口羊肉每吨 4 101 美元，上涨 16.5%。

（4）蛋产品。出口鲜蛋平均每吨 1 564 美元，比上年上涨 13.7%。

（5）乳品。进口鲜奶价格每吨 1 403 美元，比上年上涨 2.9%；进口奶粉平均每吨 4 823 美元，下跌 18.4%；进口乳清粉每吨 1 058 美元，下跌 11.6%。

（6）动物毛。出口羊毛平均每吨 3 552 美元，比上年增长 5.1%。进口羊毛每吨 8 130 美元，上涨 7.9%。

（7）动物生皮。进口生牛马皮平均每吨 1 540 美元，下跌 19.2%。

表 46 2018 年中国主要畜产品一般贸易方式进出口价格

单位：美元/吨、%

出口			进口		
产品	平均价格	比上年上涨	产品	平均价格	比上年上涨
活猪	2 440	−7.7	猪肉	1 733	−4.8
猪肉	4 757	−6.4	猪杂碎	1 588	−5.3
加工猪肉	4 115	−1.2	牛肉	4 632	2.8
牛肉	10 039	6.8	牛杂碎	3 773	4.9
加工牛肉	8 119	5.0	羊肉	4 101	16.5
羊肉	10 162	14.4	鲜奶	1 403	2.9
鲜蛋	1 564	13.7	奶粉	4 823	−18.4
肠衣	23 982	3.3	乳清粉	1 058	−11.6
羽毛	16 435	42.3	生牛马皮	1 540	−19.2
羊毛	3 552	5.1	羊毛	8 130	7.9

（二）影响因素

1. 中美经贸摩擦影响猪肉进口，进口量减少

受中美经贸摩擦影响，中国自美国猪肉进口大幅下跌。2018 年进口量 8.6 万吨，比上年下跌 48.3%；进口额 1.3 亿美元，下降 54.7%。美国是中国猪肉第四大进口来源地。自美国进口减少引起中国猪肉整体进口下降。

2. 国内牛羊肉产不足需，进口量增加

牛羊肉消费量增长及产量增长缓慢是中国牛羊肉进口快速增长的主要原因。2018 年国内牛肉产量 644 万吨，比上年增长 1.5%；羊肉产量 475 万吨，增长 0.8%。另外，进口市场进一步开放、打击走私力度加大和国内外价差大也导致牛羊肉进口快速增长。

水产品

（一）贸易概况

2018年，中国水产品贸易总量同比增长3.4%，贸易总额增长14.9%。其中，出口量432.8万吨，下降0.3%，出口额224.4亿美元，增长6.1%；进口量522.3万吨，增长6.7%，进口额148.9亿美元，增长31.3%。贸易顺差75.5亿美元，下降23%。

1. 产品结构

（1）出口产品

水产品出口量432.8万吨，同比下降0.3%；出口额224.4亿美元，增长6.1%。鱼类、贝类及软体动物和虾类是主要出口品类，合计占水产品出口总量和出口总额的94.9%和91.2%。

鱼类出口量309.1万吨，与上年基本持平，出口额125.9亿美元，增长8.5%。鳕鱼、罗非鱼、鲭鱼和鳗鱼是鱼类主要出口品种，出口量分别占17.2%、14.4%、11.6%和1.6%，出口额分别占16.2%、11%、5.8%和9.3%。鳕鱼量减额增，罗非鱼和鳗鱼量额齐增，鲭鱼量额双降。

贝类及软体动物出口量78.9万吨，同比下降2.1%，出口额52.6亿美元，增长2.2%。其中，墨鱼鱿鱼章鱼和蛤是主要出口品种，分别占出口量的72%和16.7%。

虾类出口量22.8万吨，下降2.9%，出口额26.2亿美元，增长4.1%。其中，对虾出口量12.2万吨，占虾类出口总量的53.5%，出口量额双降（表47）。

表47 2018年中国水产品主要出口品种

单位：万吨、亿美元、%

产　　品	出口量	比上年增长	出口额	比上年增长
鱼类	309.1	0.2	125.9	8.5
鳕鱼	53.1	−5.8	20.3	8.6
罗非鱼	44.6	9.3	13.8	11.6
鲭鱼	35.7	−10.2	7.3	−5.3
鳗鱼	4.8	11.5	11.7	30.3
贝类及软体动物	78.9	−2.1	52.6	2.2
墨鱼、鱿鱼及章鱼	56.8	1.7	39.5	8.3
蛤	13.2	−9.6	2.8	−4.8
虾类	22.8	−2.7	26.2	4.3
对虾	12.2	−10.1	13.8	−10.1
螃蟹	7.3	−3.3	10.3	−6.9

（2）进口产品

水产品进口额148.9亿美元，同比增长31.3%；进口量522.3万吨，增长6.7%。鱼类、虾类、饲料用鱼粉和贝类及软体动物是主要进口品类，占进口总量的91.3%和进口总额的87.5%。

鱼类进口量263万吨，同比增长12.2%，进口额60.7亿美元，增长32.5%。鳕鱼、鲑鱼、马哈鱼、鲶鱼和比目鱼是鱼类主要进口品种，分别占鱼类进口量的35.7%、2.5%、8.3%、4.6%和6%，分别占鱼类进口额的28.7%、10.9%、9.7%、5.3%和4.8%。其中鲶鱼进口量12.2万吨，增长127.6%；进口额3.2亿美元，增长176%。

虾类进口量30.2万吨，增长103.6%；进口额32.7亿美元，增长91.6%。其中，对虾量额大增，进口量16万吨，增长238.1%；进口额11.8亿美元，增长179.8%。饲料用鱼粉进口量146.1万吨，下降7.1%；进口额22.2亿美元，与上年基本持平。贝类及软体动物进口量37.5万吨，与上年基本持平；进口额14.8亿美元，增长25.2%。其中，墨鱼鱿鱼章鱼和扇贝是主要进口品种，分别占进口量的63.4%、19.7%（表48）。

表48 2018年中国水产品主要进口品种

单位：万吨、亿美元、%

产　品	进口量	比上年增长	进口额	比上年增长
鱼类	263.0	12.2	60.7	32.5
鳕鱼	94.0	−11.9	17.4	5.8
鲑鱼	6.6	66.1	6.6	79.1
马哈鱼	21.8	40.6	5.9	26.7
鲶鱼	12.2	127.6	3.2	176.0
比目鱼	15.8	7.5	2.9	11.3
虾类	30.2	103.6	32.7	91.6
对虾	16.0	238.1	11.8	179.8
饲料用鱼粉	146.1	−7.1	22.2	0.2
贝类及软体动物	37.5	0.5	14.8	25.2
墨鱼鱿鱼及章鱼	23.8	−18.3	6.9	9.1
扇贝	7.4	106.8	2.9	45.9

2. 贸易区域

（1）出口市场

日本、美国、东盟、欧盟和中国台湾是中国水产品主要出口市场，出口量合计247.6万吨，占水产品出口总量的57.2%，出口额合计147.3亿美元，占出口总额的65.6%。2018年对五个市场的出口量额有增有减。对美国、欧盟和中国台湾的出口量额齐增，对日本和东盟的出口均量减额增。东盟市场中，对马来西亚出口量额分别下降23.2%和17.8%，主要是对虾和鲭鱼出口量额大幅下降，对虾量额分别下降46.1%和44.9%，鲭鱼量额分别下降26.5%和24.2%；对印度尼西亚出口量额分别下降29.7%和22%，主要是鲭鱼出口量额明显下降，分别下降20.1%和16.5%。其他国家和地区中，对韩国出口量额同比分别增长12.7%和19.9%，主要因墨鱼鱿鱼及章鱼出口大幅增长，量额同比增长65.3%和79.8%；对中国香港出口量额略有下降，分别下降1.5%和5%，主要因对虾类和蟹类出口有所下降。

（2）进口来源地

俄罗斯、东盟、秘鲁、美国和加拿大是中国水产品的主要进口来源地。2018年，除秘鲁和美国外，从其余三大市场的进口量额均实现不同程度增长（表49）。自俄罗斯进口量额分别增加8.2%和42.9%，主要因鳕鱼、大马哈鱼、蟹类等进口量额大幅增长。自东盟进口量额分别增长30%和54.2%，其中鲶鱼和对虾进口量额均大幅增加，两种产品进口量分别增长128.4%和147.7%，进口额分别增长176.7%和124.7%。东盟国家中，自第一大进口来源国越南进口量额大幅增加，分别增长37%和83.8%。自秘鲁进口量额分别下降10.2%和2.8%，主要因饲料用鱼粉进口下降。自美国进口量额分别下降16.9%和5.5%，主要因鳕鱼、比目鱼、马哈鱼及饲料用鱼粉进口均有所下降。自加拿大进口量额同比增长3.7%和34.5%，以庸鲽鱼、比目鱼为主的部分鲜冷冻鱼类和虾类进口增加。

表49 2018年中国水产品主要出口市场和进口来源地

单位：亿美元、%

出口			进口			占水产品进出口额比重	
市场	金额	比上年增长	来源地	金额	比上年增长	出口	进口
日本	40.5	5.4	俄罗斯	22.2	42.9	18.1	14.9
美国	34.3	6.5	东盟	22.0	54.2	15.4	14.8
东盟	27.7	1.4	秘鲁	14.8	−0.9	12.4	9.9
欧盟	25.3	6.7	美国	14.2	−5.5	11.3	9.5
中国台湾	19.4	7.9	加拿大	10.1	34.5	8.7	6.8

3. 贸易方式

以一般贸易方式为主。一般贸易方式出口额占水产品出口总额的73.6%，主要为墨鱼、鱿鱼、章鱼和鲜冷冻鱼类；其次是进料加工占19%，主要为鳕鱼等鱼类；来料加工装配贸易占5.8%，主要为鳕鱼等鲜冷冻和加工鱼类。一般贸易方式进口额占水产品进口总额的66.6%，主要为饲料用鱼粉和对虾为主的虾类；其次是进料加工占14.4%，主要为鳕鱼、墨鱼、鱿鱼及章鱼；保税仓库进出境货物占9.1%，主要为鳕鱼和马哈鱼（表50）。

表50 2018年中国水产品主要贸易方式

单位：万吨、亿美元、%

贸易方式	出口				进口			
	出口量	比上年增长	出口额	比上年增长	进口量	比上年增长	进口额	比上年增长
合　计	432.8	−0.3	224.4	6.1	522.3	6.7	148.9	31.3
一般贸易	308.6	0.5	165.1	5.5	306.5	19.5	99.2	53.3
进料加工	86.8	−2.5	42.6	5.5	90.0	7.8	21.5	17.5
来料加工装配贸易	18.9	−1.6	13.0	6.6	23.7	11.3	7.1	7.6
保税仓库进出境货物	6.7	−13.7	1.0	7.5	71.4	8.1	13.5	39.1

4. 价格变动

水产品平均出口价格每吨5 186.1美元，同比上涨6.4%。一般贸易方式出口平均价格5 348.7美元，上涨5%；其中鳗鱼上涨17.1%，大黄鱼上涨7.9%，鲭鱼上涨8.8%，墨鱼鱿鱼及章鱼上涨4.2%，罗非鱼下跌2.1%，蟹类下降8.6%，对虾价格基本持平。

水产品平均进口价格每吨2 851.2美元，同比上涨23.1%。一般贸易方式进口平均价格3 238.1美元，上涨28.3%；其中饲料用鱼粉上涨7.7%，对虾下跌22.7%。

（二）影响因素

1. 国内消费需求增长带动虾贝类进口大幅增加

随着中国经济的增长和居民收入水平的提高，人们对高质量和多样化水产品的消费需求日益增加，带动了虾类和扇贝类进口的大幅增加。2018年对虾、扇贝等水产品进口量较上年同期增长238.1%和106.8%。其中，自东盟市场进口对虾大幅增加，进口量额分别增长147.7%和124.7%。

2. 中美贸易摩擦影响双边水产品贸易

2018年7月，在美国率先对中国部分商品提高关税情况下，中国宣布对美170多项水产品（约10亿美元）加征25%关税，涵盖了自美进口水产品的70%。美国加征关税影响中国罗非鱼、鳕鱼、对虾等对美出口，中国罗非鱼、鳕鱼（加工）和对虾对美出口量分别下降6.9%、6%和2.7%。

分地区农产品贸易

区域农产品贸易

2018年，中国农产品贸易仍以东部地区[①]为主，西部地区位列第二（图19）。东部地区农产品出口额534.2亿美元，占全国农产品出口总额的66.4%，与上年基本持平；进口额1 136.3亿美元，占82.8%，提高1.6个百分点。中部地区出口额85.3亿美元，占10.6%，提高0.4个百分点；进口

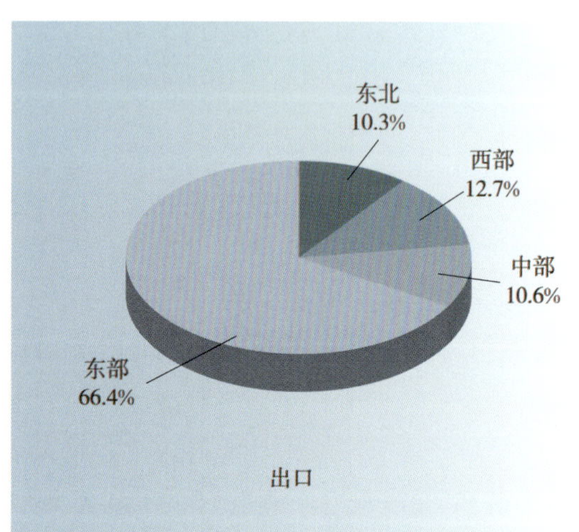

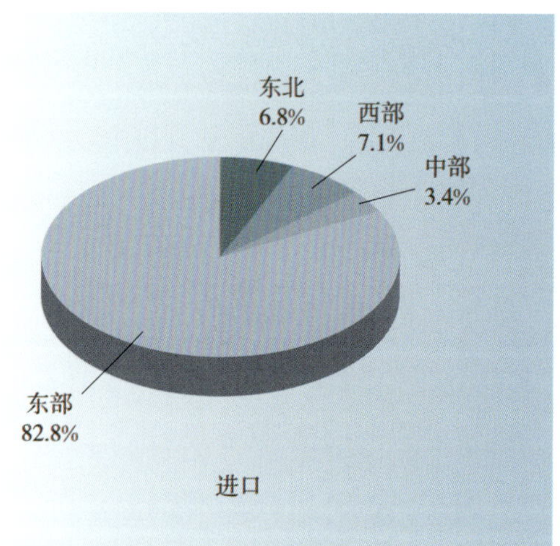

图19　2018年中国各区域农产品贸易比重

① 东部地区包括7省3个直辖市，分别为河北、山东、江苏、浙江、福建、广东、海南、天津、北京、上海；中部地区包括6省，分别为山西、河南、安徽、湖北、湖南、江西；西部地区包括6省5个自治区1个直辖市，分别为陕西、甘肃、青海、四川、云南、贵州、新疆、宁夏、西藏、广西、内蒙古、重庆；东北地区包括3省，分别为辽宁、吉林、黑龙江。

额46.3亿美元，占3.4%，下降1个百分点。西部地区出口额102.5亿美元，占12.7%，下降0.4个百分点；进口额96.8亿美元，占7.1%，下降0.2个百分点。东北地区出口额82.5亿美元，占10.3%，提高0.2个百分点；进口额93.3亿美元，占6.8%，下降0.3个百分点。

东部地区前五大出口农产品分别为水产品、蔬菜、畜产品、水果和饮品，出口额分别占全国同类产品出口总额的82.6%、59.4%、68.5%、51.2%和62.5%。其中，水产品、畜产品和水果所占比例比上年分别提高1.1、2.5和4.2个百分点；其余两类产品均下降。东部地区前五大进口产品分别为油籽、畜产品、水产品、饮品和水果，除油籽和水产品外其他产品进口额占全国同类产品进口总额的比重均超过85%。其中，油籽、水产品、畜产品和饮品占比分别比上年提高1、3.4和0.9和0.4个百分点，水果降低1.1个百分点。

中部地区前五大出口产品中，蔬菜、水果和饮品出口额占全国同类产品出口总额比重比上年分别提高2.7、0.8和1.1个百分点，畜产品和水产品出口额占比分别下降2.2个和0.2个百分点。前五大进口农产品中，畜产品和水产品进口额占比与上年持平，油籽、谷物和棉麻丝占比下降。

西部地区前五大出口农产品中，蔬菜、饮品和油籽出口额占全国同类产品出口总额比重比上年分别提高了0.7、1.9和4.7个百分点；水果和畜产品占比分别降低了5.2和0.3个百分点。前五大进口农产品中，油籽、谷物和水果进口额占全国同类产品进口总额比重比上年均有所增加，畜产品占比与上年持平，水产品占比下降。

东北地区前五大出口产品中，谷物和蔬菜出口额占全国同类产品出口总额比重比上年分别提高3.5和0.3个百分点，畜产品占比与上年持平，水产品和坚果占比下降，分别降低0.3和4.2个百分点。前五大进口农产品中，除油籽和谷物外，水产品、畜产品和水果进口额占全国同类产品进口总额比重均有所下降（表51）。

各地区农产品贸易均以一般贸易为主，进料加工贸易、来料加工贸易、边境小额贸易、保税区仓储转口货物等方式较少（表52）。

表 51 2018 年中国各区域主要农产品进出口情况

单位：亿美元、%

地区	出口				进口			
	产品	总额	比上年增长	占中国同类产品出口额比重	产品	总额	比上年增长	占中国同类产品进口额比重
东部地区	农产品	534.2	6.2	66.4	农产品	1 136.3	11.1	82.8
	水产品	185.4	7.5	82.6	油　籽	315.4	−1.7	75.5
	蔬　菜	90.5	−7.7	59.4	畜产品	243.9	12.5	85.5
	畜产品	47.0	12.1	68.5	水产品	118.1	37.2	79.3
	水　果	36.7	10.3	51.2	饮品类	75.6	21.1	95.6
	饮品类	31.4	1.2	62.5	水　果	75.5	32.8	89.8
	粮食制品	17.2	10.7	78.1	植物油	68.9	2.2	94.9
中部地区	农产品	85.3	10.7	10.6	农产品	46.3	−16.2	3.4
	蔬　菜	34.7	11.3	22.8	畜产品	16.2	11.9	5.7
	畜产品	12.6	−3.4	18.4	油　籽	11.0	−47.3	2.6
	水　果	7.7	9.4	10.7	谷　物	3.8	−15.4	6.4
	饮品类	7.3	14.5	14.4	棉麻丝	3.1	6.2	7.7
	水产品	4.0	−6.9	1.8	水产品	1.7	32.9	1.1
	药　材	2.4	9.6	29.4	粮食制品	1.1	−11.1	4.8
西部地区	农产品	102.5	3.4	12.7	农产品	96.8	5.1	7.1
	水　果	23.6	−12.7	33.0	油　籽	56.3	0.6	13.5
	蔬　菜	22.2	3.3	14.6	畜产品	10.6	11.1	3.7
	饮品类	10.4	16.1	20.8	谷　物	5.7	4.6	9.6
	油　籽	4.9	27.1	26.4	水　果	4.6	79.9	5.5
	畜产品	3.4	0.3	5.0	水产品	2.5	20.7	1.6
	水产品	2.5	−26.4	1.1	植物油	2.3	−13.2	3.1
东北地区	农产品	82.5	8.3	10.3	农产品	93.3	5.0	6.8
	水产品	32.5	3.9	14.5	油　籽	35.1	6.3	8.4
	谷　物	6.9	46.9	62.1	水产品	26.7	10.8	17.9
	畜产品	5.5	7.4	8.1	畜产品	14.5	−5.3	5.1
	蔬　菜	4.9	10.0	3.2	水　果	3.6	28.6	4.3
	坚　果	4.9	−1.3	37.1	谷　物	3.4	25.2	5.7
	水　果	3.6	5.9	5.1	糖料及糖	2.3	−22.6	15.0

表 52 2018 年中国各区域农产品贸易方式结构

单位：亿美元

贸易方式	东部		中部		西部		东北	
	出口额	进口额	出口额	进口额	出口额	进口额	出口额	进口额
合计	534.2	1 136.3	85.3	46.3	102.5	96.8	82.5	93.3
一般贸易	438.9	916.0	80.0	40.0	92.2	81.0	51.8	64.3
进料加工	50.2	45.7	2.0	1.7	1.2	2.7	20.7	7.5
来料加工	14.3	10.9	0.9	0.6	0.0	0.3	2.9	1.5
边境小额	10.2	3.3	1.9	0.1	8.5	5.3	3.3	3.4
保税区仓储转口货物	9.5	51.3	0.0	0.0	0.0	0.0	0.0	0.0
海关特殊监管区域与境外之间进出的物流货物	3.0	24.4	0.2	0.6	0.2	0.9	2.9	8.4
保税跨境贸易电子商务	2.0	31.6	0.0	1.4	0.0	3.9	0.0	0.0

省份农产品贸易

(一) 贸易规模变化

2018 年，农产品贸易额超过 50 亿美元的有 10 个省（自治区、直辖市），比上年减少 1 个，分别为广东、山东、江苏、上海、福建、辽宁、浙江、天津、广西和河北，合计占全国农产品贸易总额 83.2%。农产品贸易额在 10 亿～50 亿美元及 10 亿美元以下的分别有 13 个和 8 个省（自治区、直辖市），贸易额分别占全国的 15.2%和 1.6%（图 20）。

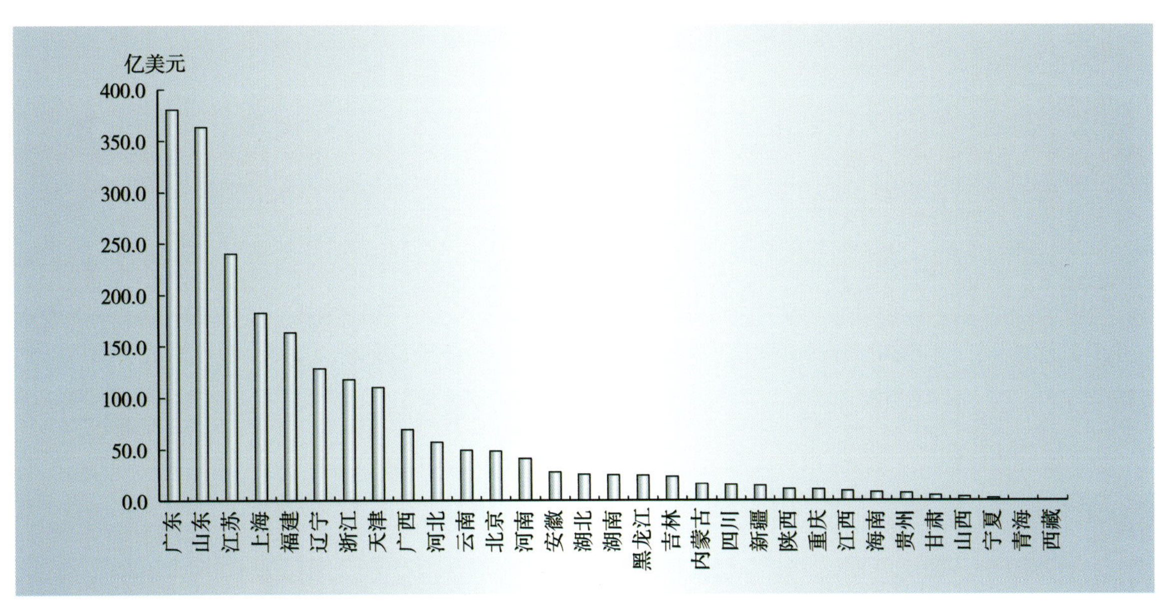

图 20 2018 年中国各省（自治区、直辖市）农产品贸易额

农产品出口额居前五位的省依次是山东、广东、福建、浙江和辽宁，浙江替代辽宁居第四位。5 省出口额均在 50 亿美元以上，合计占全国出口总额 62.2%。进口额居前五位的依次是广东、江苏、山东、上海和天津，排位与上年相同。5 省（直辖市）进口额合计占全国 67.3%。

20 省（自治区、直辖市）农产品贸易额比上年增长，增幅前五位分别为黑龙江、天津、上海、内蒙古和湖南，其中黑龙江增幅最大，为 39.7%；10 省增幅在 10%～30%之间。11 省（自治区、直辖市）贸易额比上年下降，其中降幅居前三位的为西藏、青海、湖北，降幅分别为 55.1%、50.4%和 15.4%（图 21）。

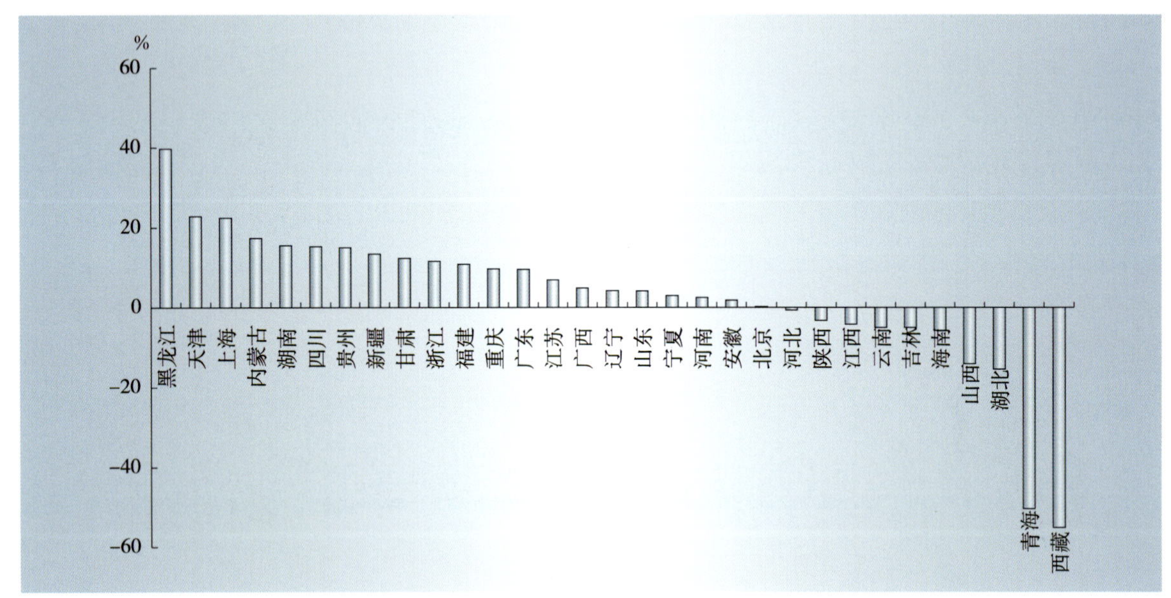

图 21　2018 年中国各省（自治区、直辖市）农产品贸易额增速

21 省（自治区）农产品出口额比上年增长，增幅前 5 位分别为四川、黑龙江、江西、新疆和内蒙古，其中四川增幅最大，为 30.7%；其他 10 省（自治区、直辖市）出口额均下降，其中西藏、青海和北京降幅分别为 53.3%、32.7%和 19.3%。

19 省（自治区、直辖市）农产品进口额比上年增长，增幅前 5 位分别为贵州、黑龙江、天津、甘肃和上海，其中贵州增长 82.5%，黑龙江增长 76.4%；其他 12 省（自治区、直辖市）进口额比上年下降，其中青海和西藏降幅分别为 84.7%和 80.9%。

（二）分类农产品的主要出口省份

1. 水产品

出口额超过 1 亿美元的有 12 省（自治区、直辖市），比上年减少 1 个。前五位分别是福建、山东、广东、辽宁和浙江，5 省出口额均超过 20 亿美元，合计出口 203.1 亿美元，占全国水产品出口总额的 90.5%。其中福建 63.7 亿美元，占全国的 28.4%。

12省（自治区、直辖市）中，出口额增长的省有8个，分别为江苏、江西、福建、浙江、山东、辽宁、广东、河北和上海，其中江苏增幅最大，为30.4%。

墨鱼及鱿鱼。出口额超过1亿美元的有福建、山东、浙江、广东和辽宁，5省出口额合计32.2亿美元，占全国同类产品出口总额的98.2%。5省中有3省出口额增长，其中山东增幅最大，为19%。

鳕鱼。以山东和辽宁为主，2省合计出口20亿美元，占全国鳕鱼出口总额的98.4%。其中山东12.2亿美元，占60.2%。两省出口额均较上年增长，其中山东增长11%，辽宁增长5.5%。

罗非鱼。出口主要集中在广东、海南和福建，3省出口额合计13.2亿美元，占全国罗非鱼出口总额的95.5%。其中，3省出口额均比上年增长。

对虾。以广东和福建为主，合计出口11.4亿美元，占全国对虾出口总额的82.9%。其中广东8.1亿美元，比上年下降14.8%，占全国的58.9%。

鳗鱼。以福建、广东和江西为主，主要以加工品形式，3省出口额合计10.5亿美元，占全国鳗鱼出口总额的89.6%。3省出口额均比上年增长，其中福建和广东增幅均在30%以上。

2. 蔬菜

出口额超过1亿美元的有16省（自治区、直辖市），相比上年减少1个。山东、河南、福建、云南和湖北居前五位，5省出口额合计111.4亿美元，占全国蔬菜出口总额的73.1%；其中山东占35.2%。16省（自治区、直辖市）中，湖南、河南、黑龙江、福建、甘肃、新疆、广东、河北、浙江、辽宁、云南11省出口增长。增幅前五位的是：湖南增长78.9%，河南增长23.3%，黑龙江增长15.1%，福建增长15%，甘肃增长14.6%。

干香菇。河南、湖北和福建位居出口额前三位，合计出口20.8亿美元，占全国干香菇出口总额的91.8%；除湖北外，河南和福建出口额均比上年增长：河南增长55.1%，福建增长33.4%，湖北则下降21.2%。

鲜或冷藏的蒜头。山东为主，江苏居次，河南第三。3省合计占全国同类产品出口总额的95.8%；其中山东出口9.8亿美元，比上年下降33.2%，占全国的76.7%。

番茄酱罐头。新疆和天津位居出口额前两位，合计占全国的67.3%；其中新疆出口3亿美元，比上年增长11.4%，天津1.3亿美元，下降25.2%。

3. 水果

17个省（自治区）出口额超过1亿美元，比上年增加3个省份，前五位是山东、云南、福建、陕西和浙江，5省出口额合计46.2亿美元，占全国水果出口总额的64.5%。17个省（自治区）中，13省（自治区）出口比上年增长，其中湖南增幅超过50%，甘肃、湖北、广西增幅在20%以上。

鲜苹果。山东、云南和陕西出口均超过

1亿美元。山东出口额6.2亿美元，比上年下降4.5%，占全国的47.4%；其次为云南，出口额1.4亿美元，下降30%；陕西出口1.4亿美元，下降25.9%。

柑橘。出口额超1亿美元的有云南、福建、浙江、广西、湖北和湖南，6省合计出口13.1亿美元，占全国的77.9%。其中云南出口3.5亿美元，下降5%，占全国的21.1%；福建出口3.3亿美元、增长14.8%；浙江出口2.6亿美元，增长19.9%。

鲜葡萄。以云南和山东为主，出口额为3.3亿美元和2.1亿美元，其中云南比上年下降40.1%，山东增长85.6%，占全国出口总额的78.9%。

4. 畜产品

13省（直辖市）出口额超过1亿美元，比上年增加1个。前五位是广东、山东、江苏、浙江和辽宁，出口额合计42.4亿美元，占全国畜产品出口总额的61.8%。13省（直辖市）中，除湖南和河南分别下降26.4%和4.2%外，其余省份出口均增长，其中安徽增长36%，广东增长31.2%。

禽产品（家禽类）。山东、广东和辽宁出口额均超过2亿美元，3省合计出口14.6亿美元，占全国家禽产品出口总额的80.5%。其中山东7.7亿美元，比上年增长8.7%；广东4.5亿美元，增长8.7%；辽宁2.3亿美元，增长2.7%。

肠衣。江苏、河北和上海居出口前三位，出口额均超过1亿美元，3省（直辖市）出口额合计8.7亿美元，占全国肠衣出口总额的64.1%。江苏出口5.3亿美元，比上年下降8.4%；其余2省（直辖市）出口增长，河北增长6.4%，上海增长10.3%。

生猪产品。出口额超过1亿美元的有广东、湖南、山东和河南，4省合计出口7亿美元，占全国生猪产品出口总额的63.7%。4省出口比上年均下降，其中2省降幅较大：湖南下降26.9%，河南下降15.5%。

5. 饮品类

出口额超过1亿美元的有11省（直辖市），比上年增加1个省份。广东、浙江和贵州居前三位，出口额均超过5亿美元，合计26.3亿美元，占全国饮品类出口总额的52.5%。11省（直辖市）中，除广东、云南和上海外，其余省份均增长，增幅居前三位的是：江苏增长47.4%，四川增长37.0%，福建增长36.9%。

绿茶。以浙江为主，出口额4.8亿美元，比上年增长1.6%，占全国出口总额的39.6%。其次是安徽，出口2.7亿美元，增长10.3%，占全国的21.7%。湖北和福建两省出口额已超过1亿美元，分别增长38.2%和15.8%。

无醇饮料。以广东为主，出口额7.6亿美元，比上年增长1.5%，占全国出口总额的82.6%。

6. 粮食制品

出口额超过1亿美元的省依次是广东、山东、江苏、辽宁和福建，合计出口15.7

亿美元，占全国粮食制品出口总额的71.4%。5省出口均增长，其中江苏增幅最大，为15.9%。

面食。以山东、广东和福建为主，3省出口额合计6亿美元，占全国的65.2%，3省出口额均比上年增长，分别为：山东增长4.1%，广东增长6.3%，福建增长12.6%。

（三）分类农产品的主要进口省份

1. 油籽

进口额超过1亿美元的有21省（自治区、直辖市），与上年持平。居前五位的是江苏、山东、广东、广西和辽宁，5省（自治区）进口额均超过25亿美元，合计302亿美元，占全国油籽进口总额的72.3%；合计进口量6 826.5万吨，占全国的72.2%。与上年相比，21省（自治区、直辖市）中，8省（自治区、直辖市）进口额增长，增幅前三位的是内蒙古、黑龙江和湖南，分别为67.3%、58.6%和48.7%；13省（直辖市）进口下降，前三位的是湖北、上海和河南，分别为76.4%、52%和36.9%。

大豆。8省（自治区、直辖市）进口额超过20亿美元，合计344.8亿美元，占全国大豆进口总额的90.6%；合计进口量7 945.3万吨，占全国大豆进口总量的90.3%。江苏、山东、广东、广西和辽宁居进口前五位，5省（自治区）进口额均超过25亿美元，合计占全国的72.7%；5省（自治区）进口量均超过550万吨，合计占全国进口总量的72.3%。与上年相比，除山东、广东和河北外，其余5省（自治区、直辖市）进口额均增长，居前三位的为：天津增长15.4%，福建增长8.6%，辽宁增长7.2%；进口量仅天津、福建和辽宁增长。

2. 畜产品

进口额超过1亿美元的有17省（自治区、直辖市），比上年增加1个。居前五位的依次为广东、上海、天津、江苏和浙江，合计进口205亿美元，占全国畜产品进口总额的71.9%。与上年相比，17省（自治区、直辖市）中，8省份进口额增长，前三位依次为：黑龙江增加2倍，上海增长33%，天津增长31.9%；9省（直辖市）进口下降，前三位依次为：辽宁28.3%，北京18.3%和福建12.2%。

乳制品。13省（自治区、直辖市）进口额超过1亿美元。居进口额前三位的是广东、上海和天津，合计进口69.1亿美元，占全国乳制品进口总额的67.9%。与上年相比，13省（自治区、直辖市）中，6省（直辖市）进口增长，前三位依次为湖南56.4%、天津53.4%和四川44.1%；7省（直辖市）进口下降，前三位依次为福建21.4%，辽宁19.9%和浙江18.7%。

牛产品。以上海和天津为主，合计进口34亿美元，占全国同类产品进口总额的65.5%。此外，进口额超过1亿美元的有江苏、山东、广东、北京、辽宁、安徽和河南；与上年相比增加3个省。9省（直辖市）中，除辽宁外，其余8省（直辖市）进口额均增长，前三位为：安徽增加1.2倍，上海增长87.9%，河南增长82.7%。

生猪产品。天津、广东和上海居进口额前三位，进口额合计26.5亿美元，占全国同类产品进口总额的73.2%。此外进口额超过1亿美元的有安徽、山东、辽宁和江苏，与上年相比减少2个。7省（直辖市）中，除上海增长31.5%外，其余进口额均下降，前三位依次为：江苏42.6%，广东37.9%和安徽25.4%。

动物毛。进口以江苏为主，进口额22.5亿美元，占全国同类产品进口总额的66.8%。此外，进口额超1亿美元的有浙江、山东和河北。与上年相比增加1个，4省进口均增长，其中江苏增幅最大，为20.7%。

3. 水产品

进口额超过1亿美元的有11省（直辖市），比上年增加1个。山东居首位，之后为广东、上海和辽宁，4省（直辖市）合计进口105.6亿美元，占全国水产品进口总额的71%。与上年相比，11省（直辖市）中，除江苏进口额下降5.9%外，其余进口额均增长，河北增幅最大，增加3.8倍，天津增加2.9倍。

饲料用鱼粉。广东和福建居进口前两位，合计进口14亿美元，占全国的63.2%。上海和辽宁进口额也超过2亿美元。

鳕鱼。以山东和辽宁为主，两省合计进口16.8亿美元，占全国鳕鱼总进口额的96.4%。其中山东进口10亿美元，占57.5%。与上年相比，山东增长14.4%，辽宁下降5.5%。

4. 饮品类

进口额超过1亿美元的有9省（直辖市），数量与上年相同。上海和广东居前两位，合计进口46.2亿美元，占全国同类产品进口总额的58.4%。此外，进口额超过1亿美元的有福建、浙江、江苏、山东、北京、天津和辽宁。与上年相比，9省（直辖市）中，除北京外其余进口额均增长，增幅前三位依次为：江苏增加1.7倍，浙江增长59.1%，山东增长40.8%。

啤酒。福建、广东和上海居进口前三位，合计进口6.6亿美元，占全国同类产品进口总额的73.3%。与上年相比，3省（直辖市）进口均增长，增幅分别为11.5%、36.8%和28.3%。

咖啡及其制品。进口以上海为主，进口额2.3亿美元，占全国同类产品进口总额的47.5%。与上年相比，上海增幅为30.5%。

5. 植物油

进口额超过1亿美元的有10省（自治区、直辖市），比上年增加1个。江苏、广东和天津居前三位，合计进口46.4亿美元，占植物油进口总额的63.9%。与上年相比，10省（自治区、直辖市）中，上海、江苏、浙江和福建进口额增长，其余各省（自治区、直辖市）进口额均下降，其中广西降幅最大，32.3%。

棕榈油。居进口前三位的是江苏、广东和天津，进口额合计24.4亿美元，占全国棕榈油进口总额的71.9%。上海、山东、

浙江、福建和广西进口额也超过 1 亿美元。与上年相比，8 省（直辖市）中，浙江、山东、天津和福建增长，浙江增幅最大，为 21.1%；其他省（直辖市）进口额下降，其中广西降幅最大，为 32.9%。

菜籽油。进口以江苏为主，进口额 9.3 亿美元，占全国菜油进口总额的 85.4%，比上年增长 75.4%。

葵花油和红花油。上海、江苏和天津居进口前三位，进口额均超过 1 亿美元，进口额合计 4.4 亿美元，占全国同类产品进口总额的 77.3%。与上年相比，除上海增长 72%外，江苏和天津进口均下降，降幅分别为 29.1%和 28.2%。

部分省（自治区）农产品贸易

选择山东、广东、安徽、湖南和贵州分别概述其农产品贸易和贸易促进工作情况。

（一）山东省

2018 年，山东省农产品贸易总额 363.2 亿美元，比上年增长 4.1%。其中出口额 187.6 亿美元，增长 1.1%，占全国农产品出口总额的 23.3%，连续 19 年居全国首位；进口额 175.6 亿美元，增长 7.5%。贸易顺差 12 亿美元。

蔬菜、水产品、水果、畜产品和油籽是主要出口农产品。蔬菜出口 53.6 亿美元，比上年下降 13%，其中大蒜占 29.2%，下降 13.5 个百分点；辣椒升至第二位，占 8%，提高 1.9 个百分点；生姜占 7.6%，洋葱占 7.1%；水产品出口 51.6 亿美元，增长 5.7%，其中鱼类（鲜冷冻）占 44.9%，鳕鱼占 22.7%；水果出口 19.3 亿美元，增长 12.7%，其中苹果占 39.6%，葡萄占 12.7%，梨占 9.3%；畜产品出口 11.3 亿美元，增长 5.3%，其中家禽产品占 68.1%，生猪产品占 12.1%；油籽出口 8.9 亿美元，下降 7.4%，其中 90.4%是花生。

油籽、水产品、棉麻丝、畜产品居进口额前 4 位，植物油、谷物、饮品类、薯类、干豆、糖料及糖、粮食制品、水果和坚果进口额均超过 1 亿美元。其中油籽进口 78.2 亿美元，比上年下降 6%，93.2%是大豆；水产品进口 31.6 亿美元，增长 16.3%，其中鳕鱼占 31.7%；畜产品进口 14.3 亿美元，下降 4.6%，其中乳制品占 25.7%，动物生皮占 24.4%；棉麻丝进口 18.6 亿美元，增长 60.5%，其中 98.1%是棉花；植物油进口 4.4 亿美元，下降 2.4%，其中 42.3%是棕榈油，26%是花生油，9.3%是豆油；谷物进口 4.4 亿美元，增长 31.1%，其中 52.8% 是玉米，23.7% 是大麦，13.8%是小麦；饮品进口 4.3 亿美元，增长 40.8%；薯类进口 3.7 亿美元，增长 12.6%（图 22）。

主要出口市场有日本、东盟、欧盟、韩国和美国。对日本出口 44.8 亿美元，比上年增长 2.5%；出口东盟 35.2 亿美元，增长 3.9%，其中对越南出口居首，占对东盟出口的 27.3%；出口欧盟 28.2 亿美元，增长 1.6%，其中德国占 24.3%；出口韩国

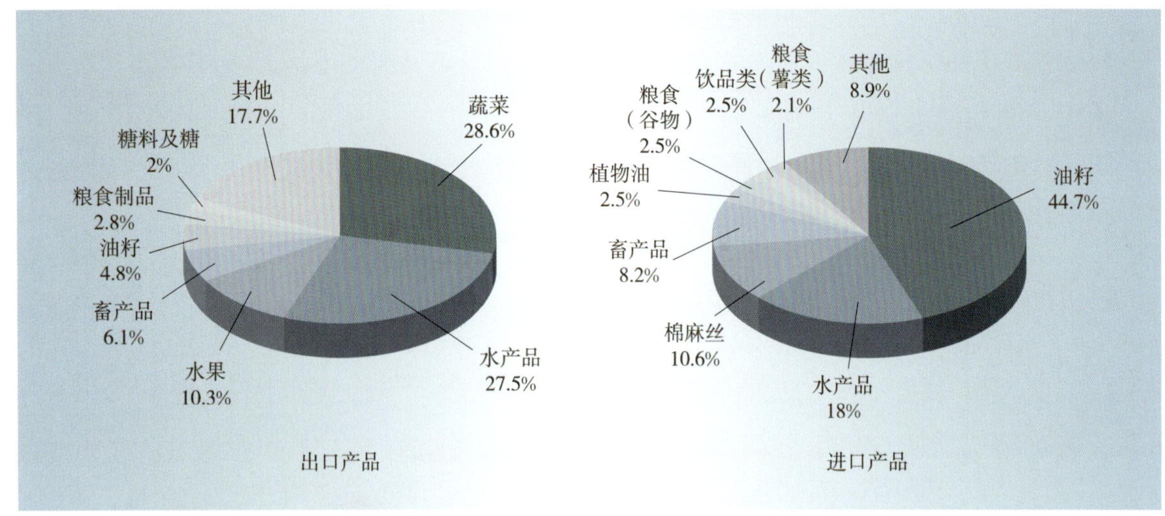

图 22　2018 年山东省进出口农产品结构

21.1 亿美元，增长 13.2%；出口美国 19.2 亿美元，增长 0.4%。

巴西和美国是该省进口额超过 30 亿美元的进口来源地。自巴西进口 58.4 亿美元，比上年增长 33.1%，跃升为第一大进口来源地；自美国进口 30.5 亿美元，下降 34.9%；自东盟进口 11.3 亿美元，增长 22.5%，其中从泰国进口占东盟总进口的 50.1%（图 23）。

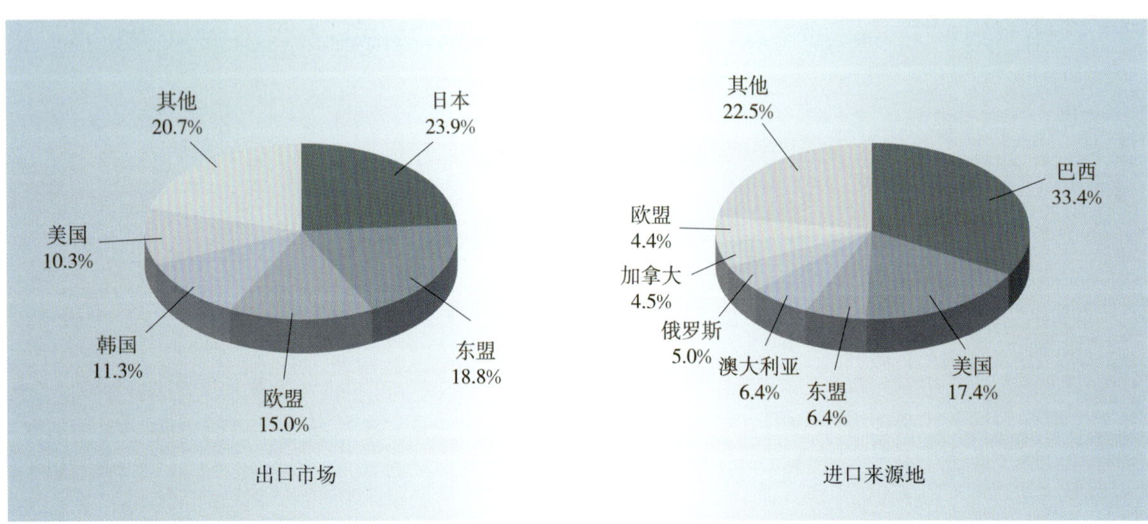

图 23　2018 年山东省农产品出口市场和进口来源地结构

山东省促进农产品贸易的主要政策和措施：

（1）大力推进农产品品牌建设。制定印发《山东省农产品品牌提升行动实施方案》《山东省农产品品牌基地建设指导意见》。连续开展三批知名农产品区域公用品牌、企业

产品品牌遴选工作，遴选出36个区域公用品牌和300个企业（合作社）产品品牌并向社会发布。

（2）助推农业出口产业转型升级。继续实施出口农产品质量安全产业集群建设项目，打造企业间协会组织、政府公共服务和示范生产基地建设三个平台，发挥省财政资金撬动作用，引导农业出口产业发展，助推出口企业转型升级。2018年支持10个县实施产业集群项目建设。

（3）加强出口市场监测预警和信息服务。抓好农产品出口监测系统建设，提高数据上报质量，编制月度、季度和年度贸易报告供有关部门参考。对企业遇到的贸易壁垒、检验检疫、出口政策等问题及时与商务、检验检疫、海关等部门反映沟通。

（4）推进出口食品农产品质量安全示范省建设。密切与商务厅、青岛海关、济南海关的联系合作，建成全国首个出口食品农产品质量安全示范省，建立了出口食品农产品质量安全监管“一个机制、两个平台、六大体系”模式，为全国出口农产品质量安全监管探索了可复制可推广的经验。

（5）积极开拓农产品出口市场。组织企业赴西班牙、法国、意大利、加纳、中国香港等国家（地区）及国内相关平台开展山东优质农产品推介活动，推动农业对外合作和招商。

（二）广东省

2018年，广东省农产品贸易总额380.4亿美元，为全国最高，占全国贸易总额的17.5%，比上年增长9.6%。其中出口额101.3亿美元，增长7.4%，占全国农产品出口总额的12.6%；进口额279.1亿美元，也为全国最高，占全国进口总额的20.3%，增长10.5%。

水产品、饮品和畜产品是主要出口农产品，出口额均超过10亿美元。水产品出口35.9亿美元，比上年增长4.4%，其中罗非鱼占24%，对虾占22.6%，鳗鱼占9.5%；饮品出口14.3亿美元，下降10.3%，其中无醇饮料占53.2%，葡萄酒占23.4%，可可占10.4%；畜产品出口12.5亿美元，增长31.2%，其中家禽产品占36%，乳品占25.7%，生猪产品占21.6%。

畜产品、油籽、水果、水产品、谷物和饮品为主要进口产品，进口额均超过20亿美元。畜产品进口58.2亿美元，比上年增长9.4%，其中乳制品占60.7%，生猪产品占14.7%，家禽产品占12.2%；油籽进口55.7亿美元，下降5.2%，其中大豆占85.8%，油菜籽占13.2%；水果进口38.8亿美元，增长38.9%，其中樱桃占23.1%，榴莲占21.1%，葡萄占12.2%；水产品进口26.2亿美元，增长44.8%，其中饲料用鱼粉占38.1%，对虾占10.4%，鲑鱼占9.3%；谷物进口23.2亿美元，下降16.7%，其中稻谷占47.6%，小麦占16.4%，大麦占15.1%，高粱占11.8%；饮品进口20.4亿美元，增长5%，其中酒占78.5%，无醇饮料占8.7%，可可占7.8%（图24）。

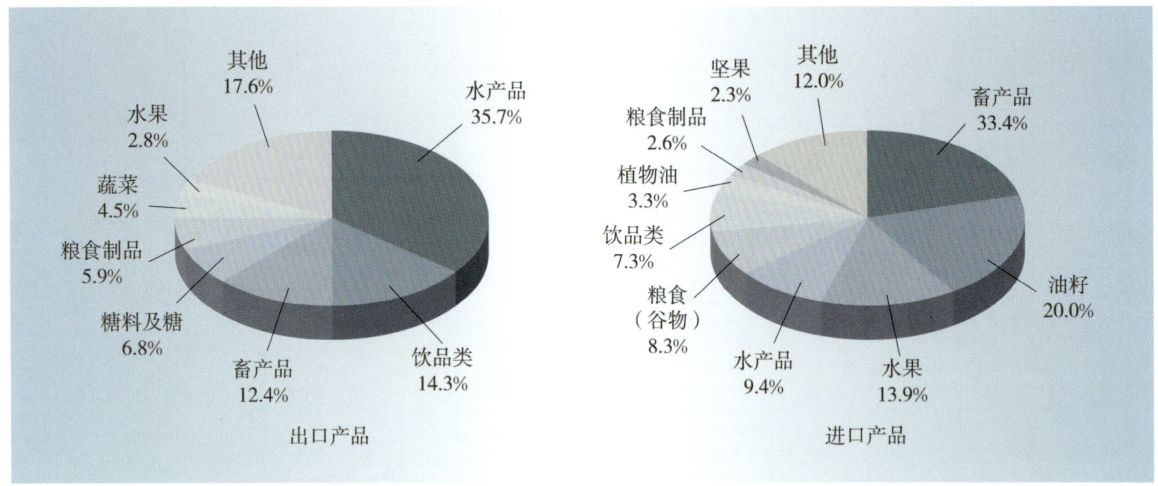

图 24　2018 年广东省进出口农产品结构

广东省主要出口市场有中国香港、东盟和美国。对中国香港出口 40.5 亿美元，比上年增长 2.9%；出口东盟 13.1 亿美元，增长 6%，其中对马来西亚出口居首，占对东盟出口的 25.9%；出口美国 11.6 亿美元，下降 2.6%。

东盟、欧盟、巴西和美国是该省主要进口来源地。自东盟进口 52.6 亿美元，比上年增长 11.1%，其中从泰国进口最高，占 42.4%；自欧盟进口 47.3 亿美元，增长 20.5%，其中法国最高，占 29.3%；自巴西进口 47.1 亿美元，增长 28%；自美国进口 27.8 亿美元，下降 34.8%（图 25）。

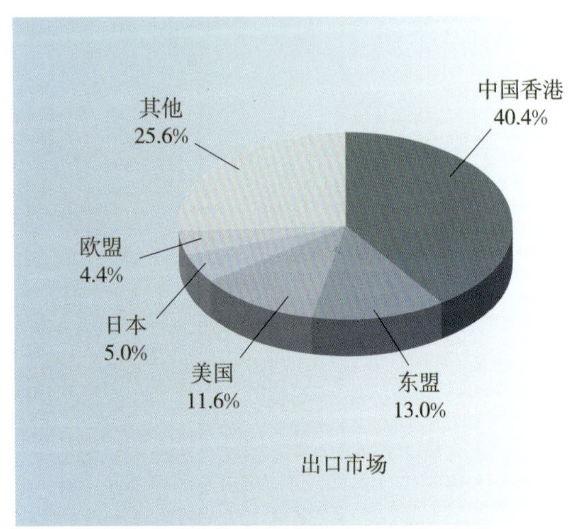

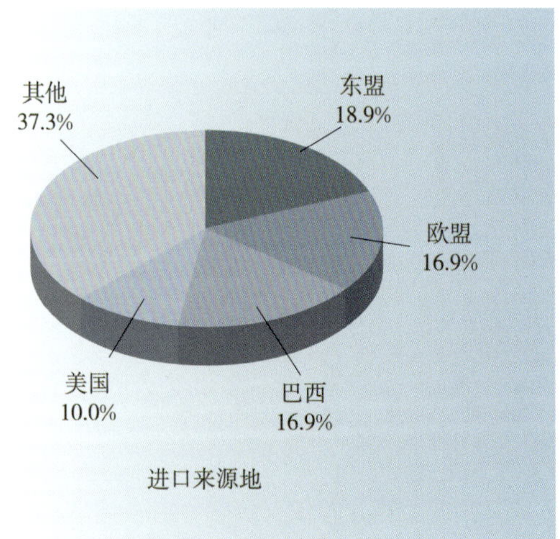

图 25　2018 年广东省农产品出口市场和进口来源地结构

2018 年广东省农产品出口额超过 1 亿美元的企业有 7 家，其中有 3 家为水产品企业；进口额超过 3 亿美元以上有 7 家，其中 5 家企业进口产品均为粮食制品。

广东省促进农产品出口的主要政策和措施：

（1）建设百家农产品出口示范基地。2016年省农业厅联合原广东出入境检验检疫局、省林业厅和省海洋与渔业局共同认定首批100家农产品出口示范基地，产品包括花卉、蔬菜、水果、畜禽、水产品等七大类生产和加工基地。出口示范基地总体发展良好，总出口额10亿美元以上。

（2）做好农产品贸易数据监测及研究工作。省农业农村厅一直注重与商务、海关等有关部门的联系沟通，及时跟踪农产品贸易数据变化，分析贸易情况。针对中美贸易摩擦情况，多次组织企业、行业协会、专家和相关单位进行专题研究供相关部门参考。

（3）加强对农产品出口基地及企业的培训和服务。原省农业厅组织百家农产品出口示范基地及重点企业举办商务、海关及金融等方面培训班，为企业提供有针对性的指导服务；通过成立出口企业联盟、微信群等方式共享信息、互通有无、加强合作；为全省农产品出口企业与科研院所、金融机构等牵线举办专场对接交流会等做好服务。

（4）搭建平台做好农产品出口营销促进工作。省农业农村厅通过举办省内农业博览会、参加境内外各类农业展会、与相关国家举办专场对接交流活动等方式积极为全省农业企业走出去牵线搭桥。邀请各国驻穗领馆官员参加广东茶叶产业大会、荔枝产业大会、现代农业博览会等活动，并与荷兰、奥地利、丹麦等举办农业经贸、技术等领域专场对接交流活动，利用组团出访及接待外宾机会积极推动农业对外合作，促进全省农产品出口。

（三）安徽省

2018年，安徽省农产品贸易总额27.6亿美元，比上年增长1.8%。其中出口额15.3亿美元，增长14.6%；进口额12.3亿美元，下降10.7%。贸易顺差3亿美元。

饮品、畜产品、蔬菜、中药材和水果是主要出口农产品，出口额均超过1亿美元。茶叶出口2.9亿美元，比上年增长11%，其中绿茶占91.6%；畜产品出口2.9亿美元，增长35.8%，其中羽毛占64.2%，蜂产品占25.4%；蔬菜出口1.7亿美元，下降16.8%，其中大蒜占15.8%，加工的什锦蔬菜占14.2%；中药材出口1.3亿美元，下降0.5%，其中出口额前5名依次为枸杞、黄芪、当归、白术和半夏，分别占5.3%、5.1%、3.8%、3.5%和3.1%；水果出口1.3亿美元，增长2.3%，其中柑橘占24.2%，桃罐头占18.8%，梨占14.3%。

畜产品和油籽是主要进口产品。畜产品进口5.5亿美元，占农产品进口额的44.8%，比上年下降2.3%，其中生猪产品占46.1%，牛产品占19.4%，乳制品占14.3%；油籽进口2.9亿美元，占23.4%，下降27.8%，其中芝麻占79.2%（图26）。

主要出口市场有欧盟、东盟、美国、韩国和日本。对欧盟出口2.3亿美元，比上年增长16.1%，其中对荷兰占出口居首，占对欧盟出口的21.5%；出口东盟2.2亿美

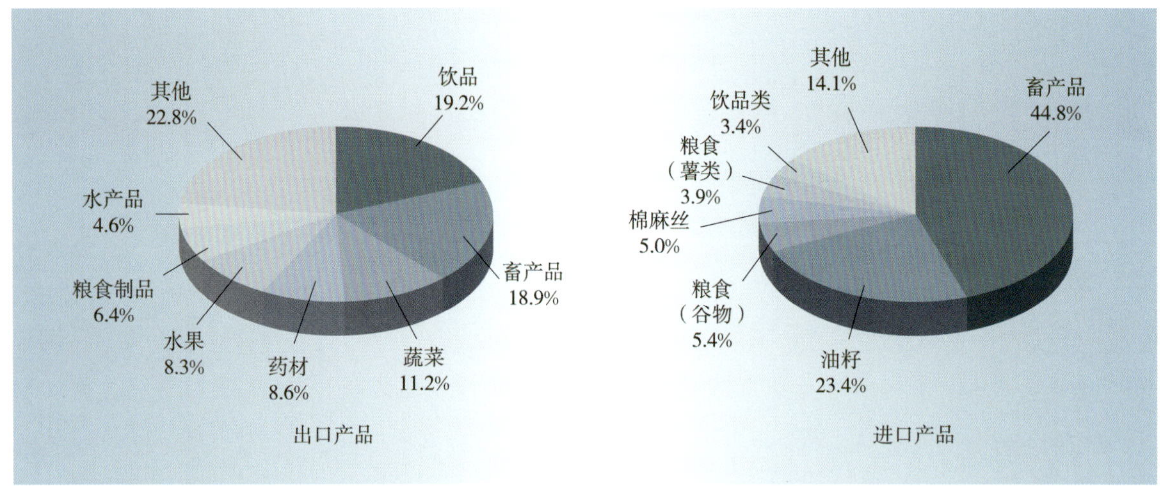

图 26　2018 年安徽省进出口农产品结构

元，增长 27.3%，其中对越南出口占对东盟出口的 36.6%；出口美国 1.7 亿美元，增长 26.3%；出口韩国 1.4 亿美元，增长 12.8%；出口日本 1.3 亿美元，增长 3.7%。

美国、巴西和东盟居该省进口来源地前 3 位。自美国进口 2.9 亿美元，比上年下降 34.9%；自巴西进口 1.7 亿美元，增长 4.4%；自东盟进口 1.1 亿美元，下降 44%（图 27）。

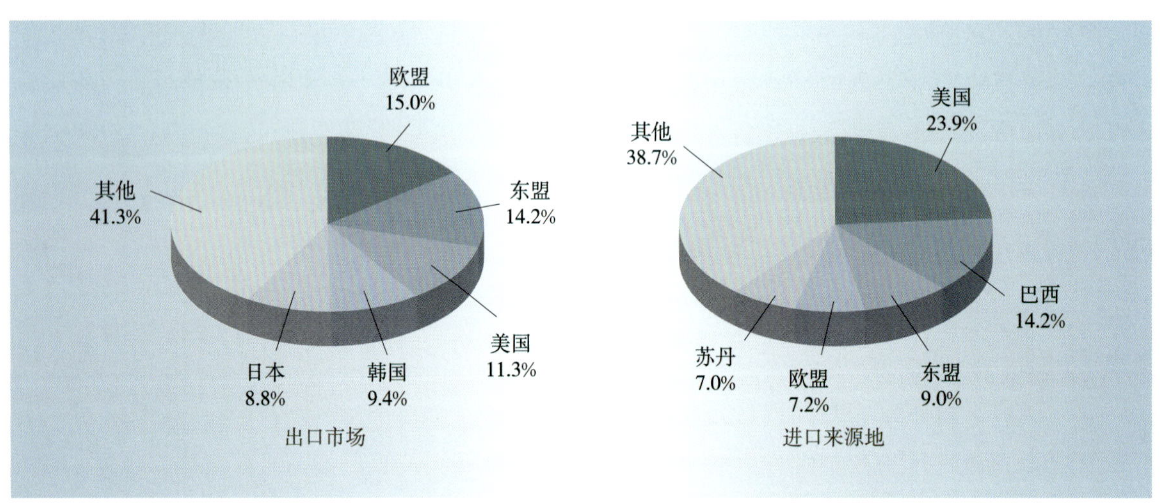

图 27　2018 年安徽省农产品出口市场和进口来源地结构

2018 年安徽省有实绩的出口企业 489 家，较上年度增加 32 家。其中出口 5 000 万美元以上 2 家，增加 1 家；1 000 万美元以上 29 家，增加 7 家；500 万美元以上 74 家，增加 8 家。对“一带一路”国家和地区出口增长 10.9%。

安徽省促进农产品出口的主要政策和措施：

（1）加大农产品出口企业支持力度。建立企业与银行、信保机构间的合作机制，在银行信贷资金、税务减免等方面予以支持，简化贷款手续，加大授信额度，解决农产品季节性收购资金短缺等困难。支持农产品出口企业进行各项国际认证，对农产品深加工、开发高附加值农产品给予重点支持。对出口额超过300万美元的特色农产品出口企业予以奖励。

（2）培育农产品出口商标品牌。创立和培育出口基地品牌，加大对全省各类产品知名品牌的宣传推广力度，推动其向国际名牌发展。支持企业在境外目标市场对出口农产品进行商标和卫生注册、获得地理标志保护和原产地证书、取得产品质量专项认证，打造国际知名品牌，提高出口农产品核心竞争力。对在境外从事农产品国际贸易和品牌创建、带动全省更多优势农产品走出去的企业给予一定奖励。

（3）加强农产品出口示范基地和原料基地建设。围绕优势出口产品建设一批出口农产品示范基地，建立完善标准化生产体系、农业化学投入品控制体系、可追溯体系、监控评估预警体系、安全诚信体系和多元化国际市场开拓体系。鼓励优势农产品出口，创建省农垦集团等3个省级境外农业合作示范区；大力支持农业企业开拓中美洲出口市场，推动企业在哥斯达黎加建成自由贸易试验区。

（4）全力打造多元化出口市场格局。继续挖掘发达国家市场潜力，不断开拓“一带一路”共建地区市场，构建多元化国际市场体系。充分利用国内外展会资源平台成功举办中国安徽名优农产品暨农业产业化交易会扩大特色和高附加值农产品出口。拓展境外电商、对接现代电子信息的B2B和B2C线上平台和国外商超等线下平台，形成全球化销售网络。

（四）湖南省

2018年，湖南省农产品贸易总额24.9亿美元，比上年增长15.6%。其中出口额13亿美元，增长12.1%；进口额11.9亿美元，增长19.7%。贸易顺差1.1亿美元。

畜产品、蔬菜和水果是主要出口农产品。畜产品出口3.5亿美元，比上年下降26.4%，其中生猪产品占52.7%；蔬菜出口3亿美元，增长78.9%，其中蘑菇占9.2%，胡萝卜和萝卜占5.9%，西兰花占5.5%；水果出口1.2亿美元，增长54.4%，其中柑橘产品占80.9%。

畜产品和油籽是主要进口产品。畜产品进口5.1亿美元，比上年增长31%，73.9%是乳制品；油籽进口1.4亿美元，增长48.7%，其中大豆占92.5%（图28）。

主要出口市场有中国香港、东盟、欧盟和美国。对中国香港出口4.7亿美元，比上年增长1.9%；出口东盟2.8亿美元，增长24.9%，其中对马来西亚出口居首，占对东盟出口的37.5%；出口欧盟1.6亿美元，增长7.2%，其中荷兰占44.5%；出口美国1亿美元，增长21.3%。

欧盟、美国、东盟和新西兰是该省进口

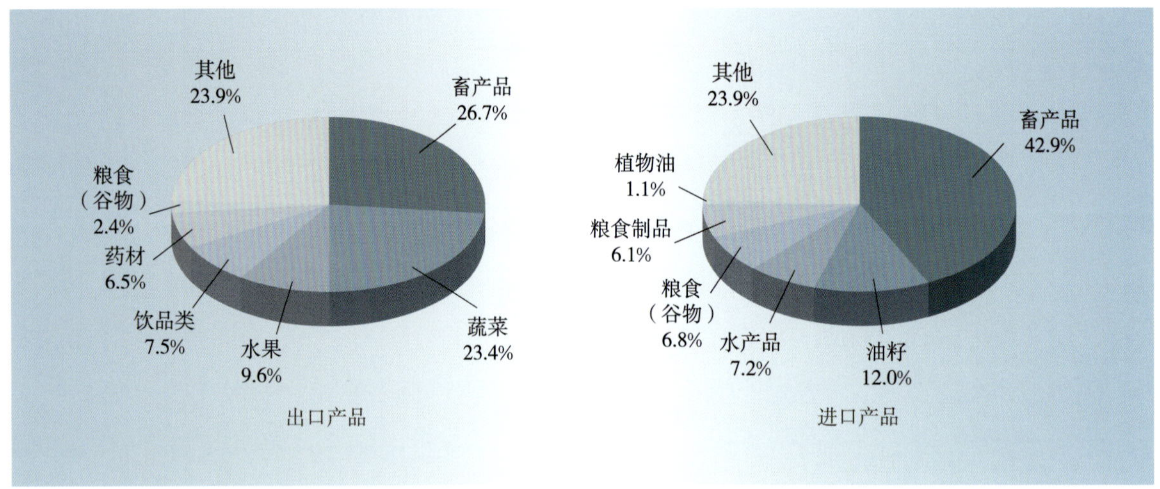

图 28　2018 年湖南省进出口农产品结构

额过 1 亿美元的进口来源地。自欧盟进口 3.1 亿美元，比上年增长 43.2%，其中从荷兰进口占欧盟总进口的 83.6%；自美国进口 2.2 亿美元，增长 34.7%；自东盟进口 1.5 亿美元，下降 14.6%，其中从泰国进口占东盟总进口的 43.8%；从新西兰进口 1.5 亿美元，增长 59.6%（图 29）。

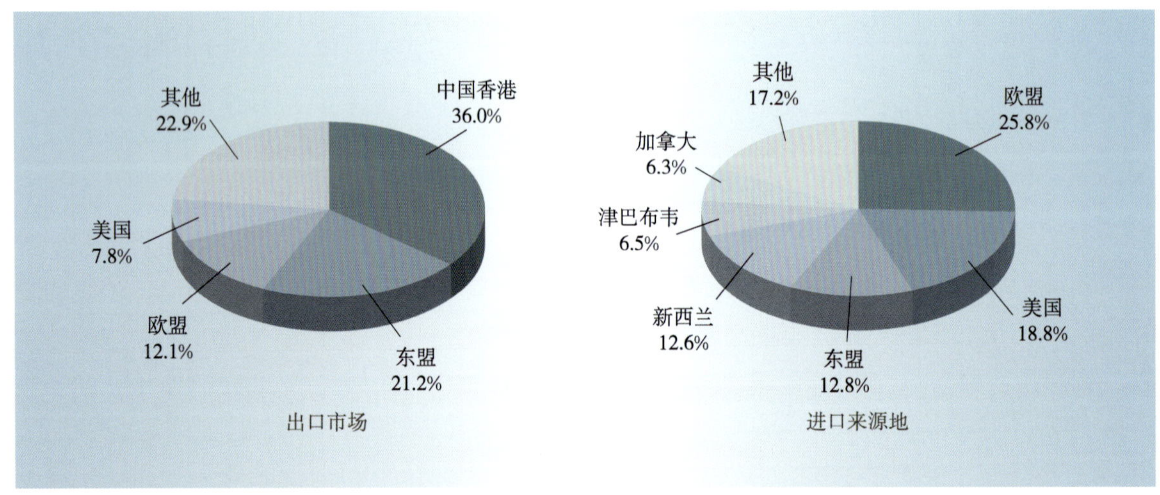

图 29　2018 年湖南省农产品出口市场和进口来源地结构

2018 年，全省农产品出口企业 386 家。其中出口 1 000 万美元以上 29 家，5 000 万美元以上企业 3 家。

湖南省促进农产品出口的主要政策和措施有：

（1）加强对农业出口企业的支持。对具有出口带动作用的企业在出口信用保险上给予支持，支持企业参加境外展会河境外产品认证，根据企业出口规模给予国际营销服务体系建设支持等。

（2）推进出口农产品质量安全示范区建设。积极推进农产品质量安全国家级示范区、省级示范区建设并给予一定资金支持。2018年，湖南省新增7个省级出口食品农产品质量安全示范区。

（3）组织各种农产品出口促销活动。组织企业赴英国、澳大利亚、法国以及中国香港、中国台湾参加各类食品农产品展会，举办专场农产品推介会与采购商精准对接。设立湖南品牌农产品（澳门）展示展销中心，是继中国香港之后该省打造的第二个境外农产品展示窗口，来自全省12个市州68家企业300余个品种进驻。

（4）积极拓展商事法律服务。承办中国贸促会“一带一路”倡议解读与法律风险防范培训班为企业普及涉外经贸活动中的法律知识；积极做好经贸摩擦应对工作，发布预警信息270余条，协同中国贸促会助力湖南企业应对涉美贸易摩擦。积极帮助会员企业应对与韩国、西班牙等国的贸易纠纷，为多家企业提供全方位涉外商事法律咨询服务。

（5）大力推进贸易便利化水平。一是积极协调海关总署和沿海海关有效解决长江流域一体化通关不畅、水运转关通关时间长、货物滞港等影响通关时效等问题。二是推广“提前申报”模式、全面推行报关单“先放行、后改单”；推行“汇总征税”“多元化担保”等改革措施；强化企业信用管理，提升关区高等级信用企业比例；简化进出口环节审批事项，将进出口环节需验核监管证件从86种缩减至48种。

（五）贵州省

2018年，贵州省农产品贸易总额7亿美元，比上年增长15.1%。其中出口6.4亿美元，增长11.6%；进口0.5亿美元，增长82.5%，贸易顺差5.9美元。

饮品为主要出口农产品，出口额5亿美元，占全省农产品出口总额的78.6%，比上年增长31.8%，其中酒精类出口4.6亿美元，占饮品出口的90.1%，增长38%，主要是烈性酒；茶叶占饮品出口的9.9%。其余产品中，蔬菜出口1 237.3万美元，占农产品出口的1.9%，增长88.7%；中药材出口1 158.3万美元，下降67.1%。

畜产品为主要进口产品，进口额4 128.4万美元，占全省农产品进口总额的76.4%，比上年增加3.3倍，其中牛产品占97.5%。水产品进口423.2万美元，增加27.5倍，占农产品总进口7.8%（图30）。

主要出口市场是中国香港、欧盟和东盟。对中国香港出口1.8亿美元，比上年下降4.1%；出口欧盟1.4亿美元，下降10%，其中对比利时出口居首，占对欧盟出口的30.8%；出口东盟1.1亿美元，增长39.4%。

澳大利亚是该省主要的进口来源地，进口3 450.3万美元，占总进口额的63.9%。其次为乌拉圭、美国、墨西哥、津巴布韦和东盟，进口额分别为563.7万美元、326.3万美元、269.6万美元、232.5万美元和201.5万美元（图31）。

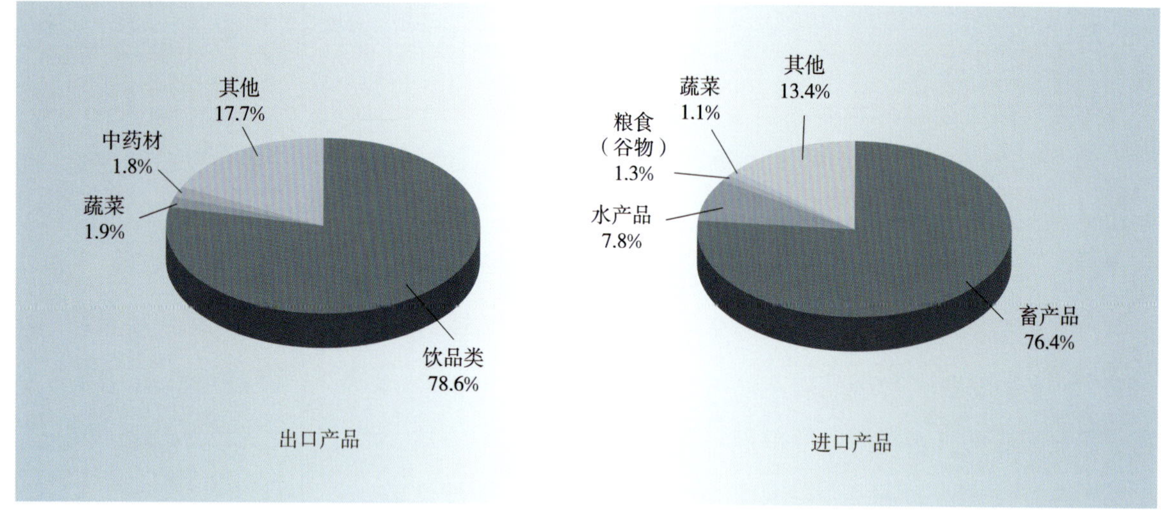

图 30　2018 年贵州省进出口农产品结构

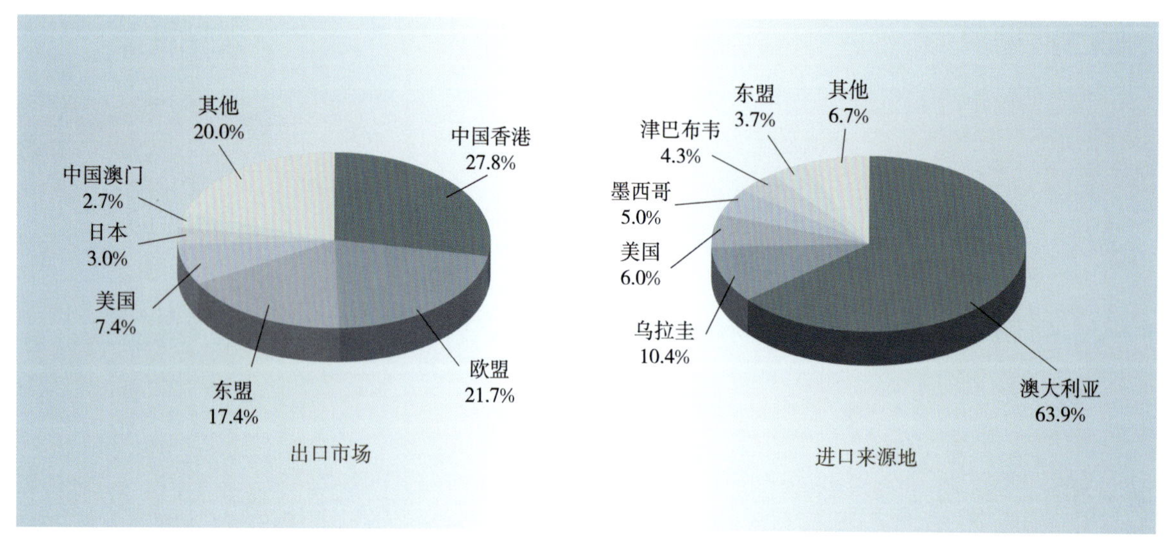

图 31　2018 年贵州省农产品出口市场和进口来源地结构

2018 年，贵州省有农产品出口业绩的企业 59 家，较上年减少 28 家，其中出口 1 000 万美元以上的企业 4 家，出口额占全省农产品出口总额的 88%；出口 5 000 万美元以上的企业 2 家；出口过亿美元的企业有 1 家。

贵州省促进农产品出口的主要政策和措施：

（1）加强制度建设，推进农产品出口工作顺利开展。2017 年贵州省政府相继出台了《关于印发〈贵州内陆开放型经济试验区建设规划〉的通知》《贵州内陆投资贸易便利化试验区建设工作方案》《贵州现代产业发展试验区工作方案》《贵州内陆开放式扶贫试验区建设工作方案》《贵州内陆开放型经济试验区优化营商环境工作

方案》，从制度上为促进农产品出口奠定了基础。

（2）加强出口食品农产品质量安全示范区建设。2012—2018 年全省建有国家级出口食品农产品质量安全示范区 15 家、省级出口食品农产品质量安全示范区 25 家，总面积 26.56 万公顷，包括茶叶、猕猴桃、薏仁米、刺梨等特色优势农产品。

（3）全面推广绿色发展模式，提升农产品质量。2018 年建立两个 1 万亩[①]有机肥替代化肥试点示范区，集成组装一批可推广复制、可持续的有机肥替代化肥技术模式。以茶叶、蔬菜、优质水稻和特色粮食等作物为重点创建了 80 个绿色防控与统防统治融合示范基地，保障农产品出口质量。

① 亩为非法定计量单位，1 亩≈667 平方米。

主要贸易伙伴

东盟

（一）生产

稻谷是东盟最主要的农产品。2018 年，主要产稻国印度尼西亚、越南、泰国、缅甸和菲律宾稻谷产量分别为 3 730 万吨、2 907 万吨、2 070 万吨、1 312 万吨和 1 215 万吨，分别占世界的 7.5%、5.9%、4.2%、2.6%和 2.5%（表 53）。

表 53　2018 年东盟主要国家稻谷产量及进出口量

单位：万吨、%

国　家	产量	占世界总产量比重	进口量	占世界总进口量比重	出口量	占世界总出口量比重
印度尼西亚	3 730.0	7.5	80.0	1.8	—	—
越　南	2 906.9	5.9	40.0	0.9	700.0	14.7
泰　国	2 070.0	4.2	25.0	0.6	1 000.0	21.0
缅　甸	1 312.0	2.6	1.0	—	280.0	5.9
菲律宾	1 215.0	2.5	230.0	5.1	—	—

数据来源：美国农业部。

印度尼西亚和马来西亚是世界棕榈油主要生产国，两国产量合计占世界总产量的比重一直保持在 85%左右。近年来，印度尼西亚棕榈油产量增长较快，由 2010 年的 2 360 万吨增至 2018 年的 4 150 万吨，占世界总产量的比重由 47.9%增至 56.5%；马来西亚棕榈油产量波动增长，由 2010 年的 1 821 万吨增至 2018 年的 2 050 万吨，占世界总产量比重由 37.0%降至 27.9%。中国是全球仅次于印度的第二大棕榈油进口国，

也是印度尼西亚和马来西亚两国棕榈油的主要出口国，两国对中国出口分别占其产量的8.6%和8.6%、出口量的12.3%和10.1%（表54）。

表54 2018年东盟主要国家棕榈油产量及出口量

单位：万吨、%

国　家	产量	占世界产量的比重	出口量	对中国出口量	对中国出口量占产量比重	对中国出口量占总出口量比重
印度尼西亚	4 150	56.5	2 900	355.4	8.6	12.3
马来西亚	2 050	27.9	1 760	177.1	8.6	10.1
合　　计	6 200	84.4	4 660	532.5	—	—

数据来源：产量和出口量来自美国农业部，对中国出口量来自中国海关统计。

（二）贸易

2018年，泰国大米出口1 000万吨，占世界大米出口总量21%，是全球仅次于印度的第二大大米出口国；越南大米出口700万吨，占世界的14.7%，近年来稳居全球第三。2018年，菲律宾仍是东盟最大大米进口国，进口230万吨，占世界大米进口量5.1%。

2018年，中国与东盟农产品贸易额360.4亿美元，比上年增长10.4%。东盟是中国第一大农产品出口市场，2018年出口额175.6亿美元，增长10.7%，主要品种有蔬菜、水果、水产品、畜产品和糖料及糖，5类产品合计122.3亿美元，占中国对东盟农产品出口总额69.7%；东盟是中国第二大进口来源地，仅次于巴西，中国自其进口184.8亿美元，增长10.1%，主要包括植物油、水果、水产品、谷物和粮食制品，5类产品合计133.4亿美元，占中国从东盟进口农产品的72.2%，其中植物油（以棕榈油为主）占23.5%（表55）。

表55 2018年中国与东盟主要农产品贸易情况

单位：亿美元、%

出口产品	出口额	所占比重	进口产品	进口额	所占比重
蔬　　菜	46.3	26.4	植 物 油	43.4	23.5
水　　果	31.6	18.0	水　　果	38.7	20.9
水 产 品	27.7	15.8	水 产 品	22.0	11.9
畜 产 品	9.1	5.2	谷　　物	15.7	8.5
糖料及糖	7.6	4.3	粮食制品	13.6	7.4
合　　计	122.3	69.7	合　　计	133.4	72.2

数据来源：中国海关统计。

（三）贸易政策

越南。6月，越南农业和农村发展部发布通报，修订了进口植物源性食品检验检疫要求，修订内容主要涉及进口植物源性食品的植物检疫和食品安全检验申请表以及进口植物源性食品的植物检疫和食品安全检验证书要求。

马来西亚。年初，马来西亚宣布在为期三个月的时间里免除毛棕榈油出口税。3月，马政府宣布将4月份的毛棕榈油出口税定为5%。4月，马政府宣布将连续第4个月免除毛棕榈油出口税，旨在削减库存，提振棕榈油价格。

巴西

（一）生产

巴西是世界咖啡、柑橘、食糖、大豆、牛肉和鸡肉的主要生产国。2018年，咖啡、柑橘产量居世界首位，食糖、大豆、牛肉、鸡肉产量居世界第二，玉米产量居世界第三。

2018年巴西主要农产品产量为：咖啡380.4万吨，比上年增长24.6%；柑橘1 775万吨，增长13.0%；食糖3 060万吨，下降21.3%；大豆11 650万吨，减少3.6%；牛肉产量990万吨，增长3.7%；鸡肉1 355万吨，减少0.5%；玉米9 450万吨，增长15.2%（表56）。

表56 2018年巴西主要农产品产量及世界地位

单位：万吨、%

农产品	产量	占世界总产量比重
大　豆	11 650.0	32.4
豆　油	819.5	14.4
食　糖	3 060.0	16.5
咖　啡	380.4	36.3
玉　米	9 450.0	8.6
牛　肉	990.0	15.7
棉　花	255.8	9.9
鸡　肉	1 355.0	14.2
柑橘汁	123.5	62.2
柑　橘	1 775.0	34.3

数据来源：美国农业部。

（二）贸易

2018年，巴西的大豆、食糖、咖啡、牛肉、鸡肉、柑橘汁出口量居世界第一、豆油和棉花出口量居世界第二、玉米出口量居世界第三。

巴西大豆出口7 950万吨，增长4.4%，占世界大豆出口总量51.6%，其中向中国出口6 608.2万吨，增长29.8%，占其产量的56.7%和出口量的83.1%；食糖出口1 960万吨，减少30.5%，占世界食糖出口总量的33.9%，其中对中国出口73.2万吨，减少7.3%；鸡肉出口368.5万吨，减少4.2%，占世界出口总量的33.0%，其中对中国出口42.1万吨，增长10.3%；咖啡出口212.0万吨，增长16.0%，占世界咖啡出口总量的25.8%；牛肉出口210万吨，增长13.1%，占世界牛肉出口总量的19.9%，其中对中国出口量32.3万吨，增长63.3%；玉米出口2 900万吨，增长14.2%，占世界玉米出口总量的17.4%；棉花出口130.6万吨，增长43.7%，占世界棉花出口量的14.2%，棉花对中国出口量18.9万吨，增长161.0%；豆油出口135万吨，减少10.7%，占世界豆油出口总量的11.9%（表57）。

表57 2018年巴西主要农产品出口量

单位：万吨、%

农产品	出口量	占世界出口量比重	对中国出口量	对中国出口量占其产量比重	对中国出口量占出口总量比重
大　豆	7 950.0	51.6	6 608.2	56.7	83.1
豆　油	135.0	11.9	19.1	2.3	14.2
食　糖	1 960.0	33.9	73.2	2.4	3.7
咖　啡	212.0	25.8	0.7	0.2	0.3
玉　米	2 900.0	17.4	—	—	—
牛　肉	210.0	19.9	32.3	3.3	15.4
棉　花	130.6	14.2	18.9	7.4	14.4
鸡　肉	368.5	33.0	42.1	3.1	11.4
柑橘汁	120.7	76.5	4.5	3.6	3.7
柑　橘	2.4	0.5	—	—	

数据来源：出口量和产量来自美国农业部，对中国出口量来自中国海关统计。

2018年，巴西是中国农产品第一大进口来源地，进口额330.4亿美元，比上年增长37.0%，占中国农产品进口总额的24.1%；逆差325.9亿美元，扩大38.5%。

主要进口产品为大豆、牛肉、鸡产品、棉花、食糖和豆油，共计占中国自巴西农产品进口总额的96.9%，其中大豆占87.3%。中美贸易摩擦发生后，中国自巴西农产品进口大幅增加。2018年，进口大豆6 608.2万吨，增长29.8%，进口额288.3亿美元，增长37.8%。进口棉花18.9万吨，增长161.0%，进口额3.7亿美元，增长189.6%。受消费升级和非洲猪瘟影响，进口牛肉32.3万吨，增长63.3%，进口额15.2亿美元，增长74.5%。食糖由于中国自2017年起对进口食糖产品征收保障措施关税，2018年进口继续减少，降至73.2万吨，下降7.3%，进口额2.2亿美元，下降40.0%（表58）。

表58 2018年中国从巴西进口主要农产品情况

单位：亿美元、%

进口产品	进口额	同比增长率	占从巴西进口农产品总额比重	占中国同类产品进口总额比重
大　豆	288.3	37.8	87.3	75.7
牛　肉	15.2	74.5	4.6	31.7
鸡　肉	9.3	6.3	2.8	79.9
棉　花	3.7	189.6	1.1	11.4
食　糖	2.2	−40.0	0.7	21.6
豆　油	1.5	−42.6	0.5	35.1
总　计	320.2	36.7	96.9	65.8

数据来源：中国海关统计。

（三）贸易政策

4—11月，巴西卫生监督局多次发布通报，修订了食品中农药残留标准。4月。巴西农业、畜牧业和食品供应部发布通报，修订进口发酵饮料（苹果酒）成分含量限定有关规定。8月，中国商务部发布公告，对原产于巴西的进口白羽肉鸡产品反倾销立案调查期延长6个月。10月，巴西工贸服务部发布公告，对中国大蒜发起反倾销日落复审调查。

欧盟

（一）生产

2018年欧盟谷物播种面积略有下降，由于夏季干旱、秋季多雨等气候原因，产量降幅较大。谷物全年收获面积5 511万公顷，同比下降1%；产量28 650万吨，下降6.3%。其中小麦收获面积下降2.1%，单产下降7.1%，产量13 760万吨，下降

9.2%；玉米收获面积下降3.9%，产量6 072万吨，下降2.2%。油菜籽产量1 960万吨，下降11.5%。食糖产量2 090万吨，增长14.1%；牛肉产量792万吨，增长0.7%（表59）。

表59 2018年欧盟主要农产品产量和贸易量

单位：万吨、%

产 品	产量	占世界总产量比重	进口量	出口量	出口量占国内产量比重
小 麦	13 760.0	18.8	650	2 200	16.0
玉 米	6 072.0	5.5	2 100	150	2.5
油菜籽	1 960.0	27.6	430	13	0.7
食 糖	2 089.6	10.7	150	360	17.2
牛 肉	791.5	12.6	37	35	4.4

数据来源：美国农业部。

（二）贸易

欧盟是中国第四大农产品进口来源地及出口市场。2018年，中欧农产品贸易延续了2012年以来的逆差态势，逆差额扩大到68.3亿美元，比上年扩大12.4%。中国从欧盟进口农产品159.8亿美元，增长7.8%，主要包括畜产品（奶粉、猪肉）、饮品（葡萄酒）、棉麻丝、水产品和水果（柑橘、猕猴桃、梨），5类产品进口额合计131.7亿美元，占中国自欧盟农产品进口总额的82.4%，其中畜产品和饮品类合计占比74.5%。

2018年，中国对欧盟出口农产品91.4亿美元，比上年增长4.7%，主要包括水产品、蔬菜、畜产品、饮品和水果，5类产品出口额合计56.1亿美元，占中国对欧盟农产品出口总额的61.3%（表60）。

表60 2018年中国与欧盟主要农产品贸易情况

单位：亿美元、%

出口产品	出口额	所占比重	进口产品	进口额	所占比重
水产品	25.3	27.7	畜产品	82.4	51.6
蔬 菜	11.5	12.6	饮 品	36.7	23.0
畜产品	11.0	12.0	棉麻丝	5.1	3.2
饮 品	4.3	4.7	水产品	4.9	3.1
水 果	4.0	4.3	水 果	2.6	1.6
小 计	56.1	61.3	小 计	131.7	82.4

（三）贸易政策

多双边贸易谈判。1 月 9 日，欧盟与墨西哥举行双边自贸协定升级谈判。5 月 23 日，欧盟开启对澳大利亚和新西兰的双边自由贸易谈判。6 月，欧盟向 WTO 提交货品清单反击美国加征关税。6 月 8 日，欧盟贸易防御新规正式生效，强化对成员国企业的贸易和投资保护。7 月 17 日，欧盟和日本在东京签署双边“经济伙伴关系协定”（EPA）。10 月 17 日，欧盟与越南签署双边自由贸易协定。

贸易政策法规。1 月，欧盟发布食品法规通则适用性审查文件并发布新型食品清单。2 月，欧盟委员会就食品原产地标签问题做出解释，强制要求在食品主要成分产地与食品原产地不同的情况下须标注主要成分原产地。4 月，欧盟发布 2019—2021 年食品农药残抽样计划。6 月，欧盟修订有机生产及有机产品标签法规。11 月，欧洲食品安全局扩大简化食品安全管理体系覆盖范围。

对华贸易政策。1 月欧盟食品安全局就修订中国白菜中吡唑草胺的最大残留限量发布公告，同时加强对中国辣椒粉等食品的进口控制。9 月，欧盟通报中国出口竹笋和绿茶产品农残超标。

美国

（一）生产

美国是世界玉米、大豆、牛肉和鸡肉等农产品的主要生产国。2018 年，小麦、大豆、牛肉、猪肉和鸡肉产量均比上年有所增长；棉花和玉米产量有所下降。小麦总产量 5 128.7 万吨，增长 8.3%；玉米 36 628.7 万吨，下降 1.3%；大豆 12 366.4 万吨，增长 3%；棉花 400.4 万吨，减少 12.1%；牛肉 1 228.6 万吨、猪肉 1 199.2 万吨、鸡肉 1 935 万吨，均比上年略有增长（表 61）。

表 61　2018 年美国主要农产品产量及出口情况

单位：万吨、%

产品	产量	占世界总产量比重	出口量	占本国产量比重
小麦	5 128.7	7.0	2 626.3	51.2
玉米	36 628.7	33.3	6 032.8	16.5
大豆	12 366.4	34.3	5 102.9	41.3
棉花	400.4	15.5	326.6	81.6
牛肉	1 228.6	19.5	143.5	11.7
猪肉	1 199.2	10.6	271.7	22.7
鸡肉	1 935.0	20.2	315.8	16.3

数据来源：美国农业部。

（二）贸易

美国是农产品出口大国，多数农产品在世界出口市场上占有很大比重。2018 年棉花、玉米、大豆出口量均比上年有所减少；小麦、牛肉、鸡肉和猪肉有一定幅度增加。棉花出口 326.6 万吨，减少 5.3%；玉米出口 6 032.8 万吨，减少 2.6%；大豆出口 5 102.9 万吨，减少 11.9%；小麦出口 2 626.3 万吨，增长 7.1%；牛肉出口 143.5 万吨，增长 10.6%；鸡肉出口 315.8 万吨，增长 0.6%；猪肉出口 271.7 万吨，增长 6.3%。

美国是中国农产品贸易仅次于巴西的第二大进口来源国和仅次于日本和中国香港的第三大出口目的国。2018 年中美农产品贸易额 245.8 亿美元，较上年减少 72.7 亿美元。其中，中国向美国出口农产品 83.5 亿美元，增长 8.0%，占中国 2018 年农产品出口总额的 10.4%，前五大农产品是水产品、蔬菜、水果、畜产品和饮品，5 类产品出口额合计 59.3 亿美元，占对美国农产品出口额的 71.1%；进口 162.3 亿美元，下降 32.7%，占农产品进口额的 11.8%，前五大进口农产品为油籽、畜产品、水产品、棉麻丝和谷物，5 类产品进口额总计 124.8 亿美元，占自美进口农产品总额的 76.9%，其中油籽进口额占自美农产品进口额的 43.8%（表 62）。

表 62 2018 年中国与美国重要农产品贸易情况

单位：亿美元、%

出口产品	出口额	所占比重	进口产品	进口额	所占比重
水产品	34.3	41.1	油　籽	71.2	43.8
蔬　菜	10.1	12.1	畜产品	19.6	12.1
水　果	8.9	10.7	水产品	14.2	8.8
畜产品	3.4	4.1	棉麻丝	10.7	6.6
饮品类	2.6	3.1	谷　物	9.1	5.6
小　计	59.3	71.1	小　计	124.8	76.9

数据来源：中国海关。

（三）贸易政策

农产品贸易新规。1 月，美国“水产品进口监控计划”正式生效，要求相关贸易商必须保存完整的记录以证明进入美国的水产品是合法且可持续的。此外，向美国消费者出售水产品的供应商必须提供更多的证明。同月，美国采取两项新措施加强对进口食品的监督：一是承认符合美国食品安全现代化法案（FSMA）标准的第三方认证机构证明；二是推出了自愿合格进口商计划（VQIP），这是一项为人类和动物食品进入美国提供快速审查和录入的自愿收费计划。

4月，美国将进口虾纳入海鲜进口监测计划（SIMP）确保进口虾的可追溯性和实际审查。该计划要求进口海产品从捕捞点到美国首次销售点的可追溯性信息以阻止非法的不报告和不受管制的（IUU）捕捞活动。5月，美国将实施虾类和鲍鱼等海产品进口监督程序，相关要求将适用于野生捕捞和养殖的虾类和鲍鱼类产品。该程序规定，自当年12月31日起虾类和鲍鱼进口商应获得国际渔业贸易许可，在进入美国商业流通领域之前向国际贸易数据系统提交捕捞和产品上岸信息。9月，美国食品药品监督管理局（FDA）网站更新了进口预警措施，其中对中国国产鳗鱼自动扣留检测项目进行了更新，增加了甲苯咪唑检测项目。12月，美国总统特朗普签署了《2018年农业法》。调整的主要内容包括国内支持、农业贸易促进和休耕面积等。国内支持方面，新法案增加了“黄箱”支持可能的补贴空间，放宽了“黄箱”补贴政策选择方式，对农民的保护程度进一步提高。贸易促进方面，新农业法加强了对特定农作物提供新的出口援助，每年额外增加0.47亿美元的永久性资金帮助农民扩大农产品出口，增强国际市场竞争力。新法案在休耕面积上也作了部分调整，2023年休耕面积将达到1 092万公顷（2 700万英亩），比目前增加了121万公顷（300万英亩）。

地区和双边动态。9月，美国—韩国签署新版美韩自贸协定，该协定将使美国农产品更容易进入韩国市场。11月美国、墨西哥、加拿大三国领导人签署《美国—墨西哥—加拿大协定》以替代《北美自由贸易协定》，新版贸易协定生效前需由三国立法机构批准。该协定一旦生效将有助于美国扩大与加拿大和墨西哥双边农产品贸易市场。

农产品进口调查。3月，美国商务部发布公告对从中国进口的蜂蜜作出第三次反倾销快速日落复审终裁。4月，美国国际贸易委员会作出第三次反倾销日落复审产业损害肯定性终裁。根据裁定结果，对中国涉案产品征收2.63美元/千克的反倾销税。6月，美国商务部宣布对自西班牙进口的成熟橄榄作出反倾销和反补贴肯定性终裁。7月，美国国际贸易委员会对成熟橄榄作出反倾销和反补贴产业损害肯定性终裁：涉案产品的进口对美国国内产业构成了实质性损害。

中美贸易摩擦。2018年美国分两阶段对自中国进口的约2 500亿美元商品加征关税。第一阶段对从中国进口的约500亿美元商品加征25%的关税。6月15日发布了商品清单，不包括农产品。其中第一批340亿美元清单于2018年7月6日起实施；第二批160亿美元于2018年8月23日起实施。作为反制措施，中方发布公告对美国500亿美元商品加征25%的关税，包括大豆、谷物、棉花、肉类、水产品、乳制品、水果和坚果等517项农产品。7月，美国宣布向美国农民提供120亿美元农业补贴以减少美国农民在贸易摩擦中受到的损失。第二阶段美国宣布对自中国进口的约2 000亿美元商品加征关税。2018年9月24日起加征10%，

2019年1月1日起加征25%，农产品主要涉及猪肉、水产品、蔬菜、谷物和水果等。中国相应作出反制，对美国征税商品清单涉及387项农产品，涵盖植物油、蔬菜和咖啡等。12月，中美达成共识暂停相互加征新关税。

日本

（一）生产

日本耕地具有小块分散等特点，不利于机械化和大规模的农场式管理，更适合精耕细作。日本农业生产是典型的亚洲小农模式，主要农产品是水稻。

2018年日本水稻种植面积156万公顷，比上年增长0.2%，产量770万吨，下降1.1%；小麦种植面积21.3万公顷，与上年基本持平，产量87万吨，下降10.5%。

（二）贸易

日本是世界主要农产品进口国，主要进口谷物、畜产品、油籽、蔬菜和果汁等。2018年中日农产品贸易额为119.8亿美元，比上年增长8.1%；其中中国对日本出口农产品107.8亿美元，增长5.3%；自日本进口农产品12亿美元，增长42.4%；中国农产品贸易顺差95.9亿美元，扩大1.9%。日本是中国农产品第一大出口市场，中国也是日本主要的农产品进口来源国之一，2018年中国主要向日本出口水产品、蔬菜、畜产品和水果（表63）。2018年中国主要自日本进口水产品、饮品、粮食和蔬菜等产品。

表63 2018年中国向日本出口农产品情况

单位：亿美元、%

出口产品	出口额	比上年增长	占对日本农产品出口额比重
水产品	40.5	5.4	37.6
蔬　菜	22.9	3.7	21.3
畜产品	14.6	6.4	13.5
水　果	5.7	4.8	5.3
小　计	83.8	5.0	77.7

（三）贸易政策

1月，日本卫生劳动福利部（MHLW）发布通告，修订食品卫生法案项下默诺霉素和三环唑等食品及食品添加剂标准规范。2月，日本更改了“天然蜂蜜”定义，进口蜂蜜通关时需要提供“果糖和葡萄糖的总含量超过总重量60%”的分析证明，从4月起执行。5月，日本厚生劳动省发布公告，修订食品及添加剂规格标准：对农药烯草酮、氯虫苯甲酰胺、三环唑、新喹唑啉、兽药默诺霉素、农药氟吡菌胺、腐霉利等9种药品设定了最大残留限量。6月，日本厚生劳动省发布公告，修订食品中畜肉和水产品中的乙腈和吡唑酚检测方法、农产品中吡唑酚检测方法。7月，日本厚生劳动省发布公告，修改了未进行杀菌消毒的矿泉水和进行杀菌消毒的矿泉水的成分规格：新设锑、亚硝酸盐氮标准值，取消锌的标准值，修改强化了砷、锰、硼的标准值，修改了清凉饮料水的制造标准，但矿泉水类中锑、砷、锰、亚硝酸盐氮及硼的成分规格在6个月内仍可参照原标准；新设了常温保存豆腐的成分规格；修改了豆腐制造标准，新增了无菌填充豆腐制造标准；修改了豆腐保存标准。11月，日本厚生劳动省发布公告，对清凉饮料水中砷检测方法的标准溶液配制方法进行修订。12月，由日本等11国签署的《全面与进步跨太平洋伙伴关系协定》(CPTPP)生效。按照协定，日本将对来自加拿大、澳大利亚、新西兰和智利等国进口农产品下调关税并放松配额限制。

澳大利亚

(一) 生产

2018年，澳大利亚气候恶劣，大麦和小麦大幅减产。其中小麦产量1 730万吨，较上年减产400万吨；大麦产量830万吨，减少60万吨；棉花产量约55万吨，大幅减少52万吨，主要原因是种植面积减少到25万公顷，较上年度50万公顷减少一半。高粱产量130万吨，下降14万吨；食糖产量480万吨，减产30万吨。但与粮食作物大幅减产不同的是畜产品产量显著增长，其中牛肉产量230万吨，增加15万吨（表64）。

表64 2018年澳大利亚主要农作物产量及出口量

单位：亿美元、%

农产品	产量	占世界总产量比重	出口量	出口量占本国产量比重
小麦	1 730	2.4	1 000	57.8
大麦	830	5.9	450	54.2
高粱	130	2.3	50	38.5
棉花	55	2.1	78	141.8
食糖	480	2.5	380	79.2
牛肉	230	3.7	163	70.9

注：由于气候原因，澳大利亚棉花实际产量远低于出口量。
数据来源：美国农业部。

(二) 贸易

2018年，大麦和小麦受减产影响出口量下降幅度较大。其中大麦出口450万吨，比上年下降30.8%；小麦出口1 000万吨，

下降 33.3%。畜产品方面，牛肉出口 163 万吨，比上年增长 9.4%。

中国自澳进口前五位农产品依次为畜产品、谷物、棉麻丝、饮品及水产品，合计占中国自澳农产品进口额 85.3%。按金额计算，澳大利亚是中国最大的大麦进口来源地，2018 年进口额 10.2 亿美元，同比降低 20.6%；进口量 417.8 万吨，降低 35.5%。澳大利亚是中国高粱第二大进口来源地，2018 年进口额 1.3 亿美元，增长 88.6%（表 65）。

表 65　2018 年中国从澳大利亚进口主要农产品情况

单位：亿美元、%

产　品	进口额	比上年增长	占自澳进口农产品比重	占中国同类产品比重
畜产品	51.4	18.6	49.2	18.0
谷　物	13.6	−27.3	13.0	22.8
棉麻丝	9.0	81.5	8.6	22.7
饮　品	8.4	9.5	8.0	10.6
水产品	6.8	115.1	6.5	4.6
小　计	89.2	14.6	85.3	14.6

数据来源：中国海关。

（三）贸易政策

2018 年 1 月，澳大利亚农业水利资源部（DAWR）发布通告，更新了供消费及加工的大米进口标准，要求按照大米活性而非颜色对大米进行分类，同时重新定义“货架稳定”。2 月，澳大利亚农业水利资源部（DAWR）发布通告，更新了乳制品进口条件要求，涉及的乳制品包括奶酪、黄油、婴幼儿配方产品、新西兰乳制品、所有国家的商业乳制品、巧克力、乳糖、酥油、粉状饮品及初乳。8 月，澳大利亚农业水利资源部（DAWR）发布通告，将马达加斯加和沙特阿拉伯加入到未煮熟虾及其产品允许进口国家名单。此前该名单包括阿根廷、孟加拉国、文莱、中国、丹麦、印度、印度尼西亚、马来西亚、泰国、美国和越南等国。11 月 19 日，中国宣布从当日起对原产于澳大利亚的进口大麦进行反倾销立案调查，调查确定的倾销调查期为 2017 年 10 月 1 日至 2018 年 9 月 30 日，产业损害调查期为 2014 年 1 月 1 日至 2018 年 9 月 30 日。12 月，澳大利亚农业水资源部（DAWR）发布修改双壳类软体动物食品进口安全要求通报，修改双壳类软体动物和双壳类软体动物产品在《进口食品检验方案》（IFIS）中的食品安全进口要求。

加拿大

(一) 生产

加拿大主要农产品是油菜籽、燕麦、小麦和大麦。2018 年，加拿大油菜籽产量 2 110 万吨，居世界第一，比上年下降 1.1%，占世界总产量的 29.8%；菜籽油产量 415 万吨，增长 0.2%，占世界总产量的 14.8%。燕麦产量 345 万吨，下降 7.5%；大麦产量 840 万吨，增长 6.5%；小麦产量 3 180 万吨，增长 6.1%（表 66）。

表 66　2018 年加拿大主要农产品产量情况

单位：万吨、%

产　品	产量	占世界总产量比
油菜籽	2 110	29.8
菜籽油	415	14.8
燕　麦	345	15.5
大　麦	840	6.0
小　麦	3 180	4.3

数据来源：美国农业部。

(二) 贸易

加拿大是世界油菜籽及其相关产品重要出口国。2018 年，油菜籽出口 1 060 万吨，比上年下降 2.3%，占世界出口总量的 66.1%；菜籽油出口 330 万吨，增长 4.1%，占世界出口总量的 65.7%；燕麦出口 160 万吨，与上年基本持平，占世界出口总量的 72.6%，居世界第一；大麦出口 220 万吨，增长 8.9%，占世界出口总量的 8.5%；小麦出口 2 430 万吨，增长 10.7%，占世界出口总量的 13.8%，居世界第三（表 67）。

表 67　2018 年加拿大主要农产品出口量情况

单位：万吨、%

产　品	出口量	占本国产量比重	占世界出口量比重
油菜籽	1 060	50.2	66.1
菜籽油	330	79.5	65.7
燕　麦	160	46.4	72.6
大　麦	220	26.2	8.5
小　麦	2 430	76.4	13.8

数据来源：美国农业部。

2018年，中加农产品贸易额91.3亿美元，比上年增长17.6%。其中，中国对加拿大出口农产品11.9亿美元，增长4.9%，占中国农产品出口总额的1.5%；主要为水产品、蔬菜、水果、粮食制品和油籽，出口额合计8.8亿美元，占对加拿大农产品出口额的74.1%。中国自加拿大进口农产品79.4亿美元，增长19.7%，占中国农产品进口总额的5.8%；主要为油籽、水产品、植物油、谷物和畜产品，其进口额合计66.0亿美元，占自加拿大进口农产品总额的83.2%。其中，油籽进口额占自加拿大农产品进口额的38%（表68）。

表68　2018年中国与加拿大主要农产品贸易情况

单位：亿美元、%

出口产品	出口额	占农产品出口总额比重	进口产品	进口额	占农产品进口总额比重
水产品	5.0	41.9	油　籽	30.2	38.0
蔬　菜	1.5	12.5	水产品	10.1	12.8
水　果	1.3	11.2	植物油	9.4	11.9
粮食制品	0.7	5.5	谷　物	8.6	10.9
油　籽	0.4	3.0	畜产品	7.6	9.6
小　计	8.8	74.1	小　计	66.0	83.2

数据来源：中国海关。

（三）贸易政策

2000年至今，加拿大政府一直着力于构建多重目标导向下的一揽子农业支持政策框架体系。2013年开始实施第二个未来增长农业政策框架体系，政策目标是增强农业的竞争力和可持续发展能力，执行期从2013年4月1日至2018年3月31日。价格补贴在重点产品领域发挥作用。加拿大保持着对乳品、蛋类和禽类产品的供给管理，政府通过生产定额、目标价格和关税配额维持着产品高价格，也成为加拿大未来农业贸易谈判的核心议题。

新西兰

（一）生产

新西兰是乳制品生产强国。2018年，牛奶产量2 215.5万吨，占世界总产量的3.7%，增长3.0%；牛肉产量67万吨，占世界总产量的1.1%，增长2.4%。奶制品中，全脂奶粉产量142万吨，占世界总产量的29.7%，增长2.9%；脱脂奶粉产量39万吨，占世界总产量的8.2%，下降3.0%；黄油产量53万吨，占世界总产量的5.1%；奶酪产量38万吨，占世界总产量的1.9%，黄油与奶酪产量均与上年基本持平（表69）。

表69 2018年新西兰主要农产品产量情况

单位：万吨、%

产　品	产　量	占世界总产量比重
牛　奶	2 215.5	3.7
全脂奶粉	142.0	29.7
脱脂奶粉	39.0	8.2
黄　油	53.0	5.1
奶　酪	38.0	1.9
牛　肉	67.0	1.1

数据来源：美国农业部。

（二）贸易

2018年，全脂奶粉出口130万吨，比上年下降3.1%，占世界出口总量的68.7%，居世界第一；脱脂奶粉出口34万吨，下降15.2%，占世界出口总量的14.5%；牛奶出口24万吨，增长20%，占世界出口总量的13.8%；黄油出口50.5万吨，增长6.1%，占世界出口总量的57.3%，居世界第一；奶酪出口32万吨，下降6.7%，占世界出口总量的16.3%；牛肉出口60.3万吨，增长1.7%，占世界出口总量的5.7%（表70）。

表70 2018年新西兰主要农产品出口量情况

单位：万吨、%

产　品	出口量	占本国产量比重	占世界总出口量比重
牛　奶	24.0	1.1	13.8
全脂奶粉	130.0	91.6	68.7
脱脂奶粉	34.0	87.2	14.5
黄　油	50.5	95.3	57.9
奶　酪	32.0	84.2	16.3
牛　肉	60.3	90.0	5.7

数据来源：美国农业部。

2018年，中国与新西兰农产品贸易额73.6亿美元，比上年增长18.7%。其中，中国出口2.2亿美元，增长10.7%，占中国农产品出口总额的0.3%。前五大类出

口产品是水产品、蔬菜、饮品、粮食制品和水果，出口额合计 1.3 亿美元，占对新西兰农产品出口总额的 61.8%。进口 71.4 亿美元，增长 19%，占中国农产品进口总额的 5.2%。前五大进口农产品为畜产品、水产品、水果、饮品和蔬菜，进口额合计 68 亿美元，占自新西兰进口农产品总额的 95.1%。其中，畜产品贸易额占自新西兰进口农产品贸易总额 81.6%，特别是乳制品占自新西兰进口畜产品贸易额 66.9%（表 71）。

表 71　2018 年中国与新西兰重要农产品贸易情况

单位：亿美元、%

出口产品	出口额	所占比重	进口产品	进口额	所占比重
水产品	0.6	29.1	畜产品	58.3	81.6
蔬　菜	0.2	10.2	水产品	4.5	6.4
饮　品	0.2	8.7	水　果	4.5	6.2
粮食制品	0.2	7.4	饮　品	0.5	0.7
水　果	0.1	6.4	蔬　菜	0.2	0.3
小　计	1.3	61.8	小　计	68.0	95.1

数据来源：中国海关。

（三）贸易政策

新西兰农产品种类集中、产量大，政府采取了一系列措施促进出口，主要包括建立新西兰贸易发展局为企业参与国际竞争开拓市场提供全方位的服务，推出“新西兰出口信贷担保计划”；尽管受到 WTO 规则限制，大宗优势农产品原有的国营贸易体系仍发挥作用。

韩国

（一）生产

韩国最重要的粮食作物是稻谷。据韩国统计局数据，2018 年韩国稻谷种植面积较上年下降 2.3%，单产下降 0.4%，致使稻谷总产量下降 2.6%，由上年的 397.2 万吨降至 386.8 万吨。

韩国牛肉、猪肉、鸡肉均产不足需，依赖进口。2018 年韩国牛肉产量 27.9 万吨，同比降低 0.7%；猪肉 132.9 万吨，同比增长 3.8%；鸡肉 91.5 万吨，同比增长 7.4%。

韩国蔬菜种植品种主要有白菜、萝卜、辣椒等。由于单产增加和种植面积扩大，2018 年白菜、萝卜产量分别增长 3% 和 2%，辣椒增长 28.4%。水果产量较大的是苹果和梨，因单产降低，2018 年苹果产量为 47.5 万吨，同比减少 12.8%；梨产量 20.3 万吨，减少 23.6%。

2018年韩国水产品产量为379.1万吨，较上年增长1.8%。韩国海洋捕捞业发达，而水产养殖业起步较晚但后来居上。2018年韩国水产养殖产量达225.1万吨，较上年下降2.8%，占水产品总产量的59.4%。其次为沿海及近海捕捞业，产量101.3万吨，同比增长9.2%，占水产品总产量的26.7%。韩国主要养殖水产品有牡蛎、海藻、海参等，主要捕捞水产品包括鲭鱼、带鱼、凤尾鱼、金枪鱼、虾蟹等（表72）。

表72 2018年韩国主要农产品产量情况

单位：万吨、%

产品	产量	比上年增长
水产品	379.1	1.8
稻谷	386.8	−2.6
牛肉	27.9	−0.7
猪肉	132.9	3.8
鸡肉	91.5	7.4
白菜	140.4	3.0
萝卜	46.7	2.0
辣椒	7.2	28.4
苹果	47.5	−12.8
梨	20.3	−23.6

数据来源：韩国农业食品和农村事务部。

（二）贸易

2018年韩国农产品进口主要是畜产品、谷物和水产品，出口主要是水产品和水果。美国是韩国第一大农产品贸易伙伴。韩国是中国第五大农产品出口市场。

2018年，中韩农产品贸易呈现增势，贸易额为62.8亿美元，同比上涨10.1%。中国对韩农产品出口占中国农产品出口总额的6.6%，出口额52.5亿美元，同比增长10%；进口额10.3亿美元，增长10.8%；顺差42.2亿美元，扩大9.8%。中国对韩国出口以水产品和蔬菜为主，分别占对韩农产品出口总额的36.3%和25.8%，其中水产品主要为鱼和甲壳软体动物。此外，油籽、饮品类、粮食制品、谷物等也是中国对韩国出口较多的产品。中国从韩国进口的农产品主要为饮品类、水产品、粮食制品、畜产品、糖及糖料，分别占总进口额的19.5%、16.9%、13.6%、10%和9.9%（表73）。

表 73 2018 年中国对韩国出口主要农产品情况

单位：亿美元、%

出口类别	出口额	比上年增长	占对韩农产品出口额比重
农产品总计	52.5	10.0	—
水产品	19.0	20.0	36.3
蔬 菜	13.5	1.0	25.8
油 籽	2.2	3.6	4.2
饮品类	2.0	9.6	3.9
粮食制品	2.0	4.4	3.7
谷 物	1.3	0.6	2.5
小 计	40.1	10.0	76.4

数据来源：中国海关。

（三）贸易政策

2018 年 8 月，韩国食品药品安全处（MFDS）发布了《畜产品允许进口国家（地区）及进口卫生条件》部分修改告示，修改乳制品的定义，乳制品中增加乳粉类，乳制品的定义要与《畜产品卫生管理法》中乳制品一致，并明确规定了其适用范围；调整出口卫生证明所需事项，删除出口须遵守韩国标准及规格的条款；修改后将反映新允许进口的奥地利、捷克产牛奶类、加工乳类等产品，以及截至 2018 年 1 月 13 日临时允许进口的蛋类加工品类中 6 个国家 16 个类别产品。

2018 年 9 月，韩国食品药品安全处（MFDS）发布了第 118 号例规，制定了境外屠宰厂、挤乳厂、肉类包装处理厂、禽蛋包装处理厂、肉类保管厂、肉食加工厂、乳加工厂等《境外工厂注册相关规定》，主要规定了境外工厂的注册方法、注册所需材料、注册决定标准等相关事项。

2018 年 9 月 25 日，美国和韩国签署了重新修订的美韩自贸协定。这个“全新的协定”将使美国农产品更容易进入韩国市场。

2018 年 11 月，韩国食品药品安全处（MFDS）发布了第 2018－91 号告示，大幅度修改农产品中农药的残留限量标准。主要修改如下：新设定、修改农产品中双胍辛胺、草铵膦等 314 种农药的残留限量标准；新设定乙草胺等 5 种农药的检测方法。

俄罗斯

（一）生产

俄罗斯主要农产品为谷物、畜产品和油

料等经济作物等。2018年，俄谷物[①]收获面积为4 055万公顷，同比减4.1%，产量1.1亿吨，减14.8%。其中，小麦产量达7 168.5万吨，占全球小麦产量9.8%；大麦产量1 673.7万吨，占全球产量11.9%；燕麦产量471.5万吨，占全球产量21.2%。油料作物产量1 872.6万吨，增21.2%。其中，葵花籽产量1 271万吨，增22.7%；2013—2018年大豆产量年均增长21.6%，2018年增至402.7万吨，增11.2%。畜牧业方面，俄活牛和生猪存栏量分别为676万头和4 695万头，与上一年度基本持平；渔业捕捞总产量超500万吨[②]（表74）。

表74 2018年俄罗斯主要农产品产量及出口量

单位：万吨，%

产　品	产量	占世界比重	出口量	占国内产量比重	占全球出口比重
小　麦	7 168.5	9.8	3 700.0	51.6	20.7
大　麦	1 673.7	11.9	470.0	28.1	18.2
玉　米	1 141.5	1.0	300.0	26.3	1.8
葵花籽	1 271.0	24.7	20.0	1.6	8.3
葵花籽油	475.0	24.4	230.0	48.4	23.1

数据来源：美国农业部2019年3月份预测。

（二）贸易

俄罗斯是中国第12大农产品贸易伙伴。2018年中国与俄罗斯农产品贸易总额、出口额、进口额、贸易逆差呈“四增”态势。其中，农产品贸易总额达52.6亿美元，同比增28.3%；对俄出口农产品20.5亿美元，增3.5%；自俄进口农产品32.1亿美元，增51.5%；贸易逆差11.6亿美元，增8.2倍。

2018年中国对俄出口的农产品主要包括：水果5.5亿美元，增11%；水产品5.2亿美元，增12.1%；蔬菜5.1亿美元，减11.3%。中国自俄进口的农产品主要包括：水产品22.2亿美元，增42.9%；植物油3.9亿美元，增71.7%；油籽3.7亿美元，增81.8%，其中，大豆进口81.7万吨，增64.7%，进口额为2.6亿美元，增62.6%。此外，饮品类进口1亿美元，同比增1.3倍；谷物进口0.5亿美元，增1.8倍（表75）。

① 数据来源：美国农业部2019年3月份预测。谷物具体指大麦、小麦、玉米、高粱、燕麦、黑麦和黍。

② 数据来源：俄罗斯联邦渔业署。

表 75　2018 年中国与俄罗斯主要农产品贸易情况

单位：亿美元、万吨

进口产品	进口额	进口量	出口产品	出口额	出口量
鳕　鱼	10.8	65.7	柑　橘	1.7	18.6
马哈鱼	3.9	16.6	苹　果	1.2	12.6
大　豆	2.6	81.7	墨鱼及鱿鱼	1.0	1.3
葵花油和红花油	1.7	21.4	番　茄	0.8	8.8
豆　油	1.5	1.9	鳗鱼（加工）	0.8	0.3
饲料用鱼粉	1.0	6.6	蘑菇（加工）	0.7	3.7
油菜籽	0.8	20.5	对　虾	0.6	0.7

数据来源：中国海关统计数据。

（三）贸易政策

2018 年 2 月，中国国家质量监督检验检疫总局发布公告，取消 2016 年的检疫要求，允许从包括阿穆尔州在内的俄罗斯 6 个地区进口小麦。5 月，中国与俄罗斯、哈萨克斯坦、白俄罗斯、吉尔吉斯斯坦和亚美尼亚签署了《中国与欧亚经济联盟经贸合作协定》，旨在进一步减少非关税贸易壁垒，提高贸易便利化水平。11 月，在首届中国国际进口博览会上，俄方与中方合作伙伴签订了油料产品、糖果和蜂蜜销售协议。11 月，中俄农业部长举行会晤，讨论双边农产品贸易及扩大俄农产品对华市场供应问题，中俄签订鸡肉和奶产品相互供应认定书。

专论

农业贸易谈判

WTO 农业贸易谈判

2018 年，全球多边贸易体制和贸易谈判都面临严峻挑战。反全球化自由化趋势在一定范围内蔓延，贸易保护主义、单边主义屡屡挑战多边贸易体制，严重影响世贸组织的正常运行，甚至使之陷入瘫痪。这种情况下，以推动贸易自由化为主要目标的世界贸易组织（WTO）多哈回合谈判由于缺乏必要的政治经济环境而动力不足。就农业谈判而言，主要成员间近年来围绕是否继续坚持多哈发展授权展开激烈博弈。中国、印度、印度尼西亚等存在大量小规模生计型农业的发展中成员强调继续坚持多哈回合的发展授权、特殊差别待遇和既有谈判基础，而美国、欧盟、澳大利亚、日本、加拿大等发达成员以及巴西、阿根廷等发展中出口成员力图否定多哈发展授权，弱化发展中成员的特殊差别待遇，要求发展中成员特别是发展中大国做出更大贡献。2017 年年底举行的 WTO 第 11 届部长会（MC11）上，美国抛弃以往谈判共识，表示将“重新设置”（reset）农业谈判，导致 MC11 在农业谈判上未取得任何成果。

2018 年，WTO 成员在对多边贸易体制未来进行思考的同时，也逐步探讨如何重启农业谈判进程。上半年，在新任特会主席、圭亚那大使福特（Deep Ford）积极推动下，谈判进程得以恢复，9 月份之后谈判趋于密集，农业主席每月召开一次农业特会及相关专题磋商，成员也纷纷提交新提案、新建议，谈判节奏加快。总体呈现以下特点：

（一）各成员谈判参与度有所提高

2018 年下半年以来，农业谈判逐渐升温，各成员围绕国内支持、粮食安全公共储备（PSH）、特殊保障机制（SSM）和棉花等议题积极提交新建议和新提案。新任特会主席雄心勃勃，希望通过更加密集的技术磋商加深各成员间的相互理解，凝聚共识，为

2020年第12届部长会农业谈判取得成果做准备。为此，2018年底主席宣布在特会之外将成立国内支持、粮食安全公共储备、市场准入、特殊保障机制、出口竞争、出口限制和棉花等七个议题工作小组，由相关成员担任工作小组协调员，并负责牵头组织讨论，推动各议题磋商。

从2018年磋商情况看，各成员虽然参与程度有所提高，但未改变既往谈判立场，分歧依旧。在优先讨论的议题方面，多数成员认为国内支持是农业谈判核心，33成员协调组（G33）等发展中成员强调谈判须依据内罗毕部长决定，优先推动粮食安全公共储备和特殊保障机制谈判取得成果。巴拉圭、乌拉圭等提交关于市场准入的提案，要求加快市场准入谈判。在谈判内容方面，国内支持、粮食安全公共储备和特殊保障机制等议题仍然延续部分发达成员和出口成员与进口发展中成员①两大阵营对峙局面，双方围绕是否坚持多哈授权针锋相对，坚持各自主张和诉求。

（二）国内支持依然是谈判的核心议题

国内支持是大多数成员最为关心的优先议题，部分成员还认为它是讨论其他议题的先决条件。各成员间国内支持空间严重的不平衡和不公平导致各方立场分歧巨大。中国、印度、印度尼西亚等存在大量小规模生计型农业的发展中成员反对对支持空间已非常有限的发展中成员进行进一步约束和削减，指出综合支持量（AMS）是最扭曲贸易和最不公平的国内支持措施，要求发达成员率先削减综合支持量，纠正农业协定不公平不平衡的贸易规则。这一诉求体现在“分步骤取消AMS”的中国—印度联合提案（以下简称中印提案）中，非洲集团、非加太集团（ACP）也呼应首先削减综合支持量的主张，在讨论中支持以中印提案作为国内支持谈判的基础。部分发达成员和出口成员则强调微量允许和综合支持量性质相同都应受到纪律约束，主要成员都应做贡献，要求中国、印度等支持总量大且增长较快的发展中大国进行约束和削减。同时凯恩斯集团一再炒作主要成员农业补贴变化趋势，欧盟、美国及拉美出口国等积极声援为其国内支持谈判立场造势。粮食安全公共储备和特殊保障机制议题上，美欧及凯恩斯集团坚持粮食安全公共储备议题与国内支持挂钩，特殊保障机制与市场准入挂钩，要求33成员协调组提案成员提供粮食安全公共储备和农产品特殊保障措施（SSG）以往使用情况等相关信息，致使两个议题始终未能进入实质谈判阶段。

（三）技术讨论成为谈判的主要形式

在成员利益难以调和及多边贸易体制遭遇保护主义单边主义严峻挑战等大环境下，多边农业谈判难以取得实质进展。从谈判情况来看，主要成员仍坚持既有立场，分歧依

① 部分发达成员和出口成员主要包括美国、欧盟以及加拿大、澳大利亚、新西兰、巴西、阿根廷、智利、乌拉圭和巴拉圭等凯恩斯集团成员；进口发展中成员则有中国、印度、印度尼西亚等G33成员和非加太集团（ACP）成员等。

旧。部分发达成员和出口成员提交多份技术文件主导谈判，一方面对外释放谈判仍然活跃的信号，维持多边谈判热度，体现积极的参与态度，转移矛盾；另一方面以技术讨论替代谈判，引导谈判走向，为后续谈判和下一步 WTO 改革做好技术铺垫，营造有利于自身的氛围。技术讨论看似波澜不惊，实则暗流涌动，各方以技术文件和数据讨论为先导展开博弈，为下一步在实质谈判中占据主动打好基础。

（四）进口发展中成员在谈判中面临的压力增大

一是尽管国内支持谈判中中印提案的提出对部分发达成员和出口成员的攻势形成了制衡，但中国、印度等发展中大国的农业补贴仍是发达出口成员的主攻目标。在例会和争端解决机制框架下，相关成员也不断对中国、印度等发展中成员的支持政策提出挑战。二是 WTO 改革话题逐渐升温，美国表明立场，挑战 WTO 框架下发展中成员身份认定，企图弱化发展授权以限制发展中大国享受特殊差别待遇，进一步挤压其包括农业在内的政策空间。三是在以技术讨论为主要形式的谈判方式下，发达成员与发展中成员在技术力量方面的巨大差距可能导致农业谈判方向由技术力量强、储备充分的发达成员所主导。

自由贸易区谈判

（一）谈判概述

2018 年是贯彻党的十九大精神的开局之年。按照党的十九大提出的“促进自由贸易区建设，推动建设开放型世界经济”的有关要求，中国积极推进与有关国家和地区的自贸区建设，已初步形成立足周边、辐射“一带一路”、面向全球的自贸区网络。

截至 2018 年底，中国已与东盟、智利、巴基斯坦、新西兰、新加坡、秘鲁、哥斯达黎加、冰岛、瑞士、韩国、澳大利亚、格鲁吉亚、马尔代夫等 13 国（经济体）签署了双边或区域自贸协定；与中国香港、中国澳门分别签署了“更紧密经贸关系安排”（CEPA）；与中国台湾签署了“海峡两岸经济合作框架协议”（ECFA）。2018 年，中国（大陆）与上述已生效自贸伙伴间的农产品贸易额合计 838.9 亿美元，占当年农产品贸易总额 38.5 %。

1. 正在谈判的自贸区

“区域全面经济伙伴关系协定”（RCEP）2012 年 11 月启动谈判，包括东盟 10 国、中国、日本、韩国、澳大利亚、新西兰和印度共 16 个成员国，区域内人口约占全球 50%，国内生产总值、贸易额、吸引外资均接近全球 1/3。2018 年开展了第 21～24 轮谈判，并举行了三次部长级会议。成员国加快货物贸易、服务贸易和投资领域的谈判磋商，年内取得了一定进展。

中日韩自贸协定谈判 2012 年 11 月启动，2018 年 3 月和 12 月分别开展了第 13 轮和第 14 轮谈判。三方在货物贸易、服务贸易和投资领域继续交换意见。

中国与摩尔多瓦自贸协定谈判 2017 年

12 月启动，2018 年 3 月、7 月和 9 月分别开展了第 1～3 轮谈判。双方就谈判领域范围、谈判基础等问题充分沟通。

中国与以色列自贸协定谈判 2016 年启动，2018 年 5 月在北京举行了第 4 轮谈判，双方就货物贸易降税模式等谈判关键问题充分交换意见。

中国与巴拿马于 2017 年 11 月宣布启动建设双边自贸区。2018 年 3 月完成自贸协定联合可行性研究后，6 月正式启动谈判。双方于 6 月、8 月、10 月和 11 月分别举行了第 1～4 轮谈判，在货物贸易、服务贸易和投资等领域进行了深入磋商。

中国与挪威自贸协定谈判 2008 年 9 月启动，至 2010 年共举行了 8 轮谈判，后因故停滞，2017 年 4 月重启。2018 年 5 月和 9 月分别举行了第 11 轮和第 12 轮谈判，有关议题稳步推进。

中国—毛里求斯自贸协定谈判 2017 年 12 月启动，2018 年 4 月、7 月和 8 月双方共举行了 4 次谈判。在 8 月的第四轮谈判上，双方就协定全部内容达成一揽子协议，9 月共同签署了《中华人民共和国商务部与毛里求斯共和国外交、地区一体化和国际贸易部关于结束中国毛里求斯自由贸易协定谈判的谅解备忘录》，宣布谈判正式结束。

中国—巴基斯坦自由贸易协定于 2007 年生效后，2011 年启动第二阶段谈判。2018 年 2 月和 4 月分别举行了第 9 次和第 10 次会议，双方主要就货物贸易领域进一步开放问题充分沟通。

中国—新西兰自由贸易协定于 2008 年生效后，2016 年启动升级谈判，2018 年 6 月、9 月和 12 月分别举行了第 4～6 轮升级谈判，其中，双方于第 4 轮完成了农业合作领域的磋商。

中国与斯里兰卡自贸协定谈判 2014 年 9 月启动，至 2017 年共举行了 5 轮正式谈判，双方在货物、服务和投资等方面充分交换了意见。2018 年未开展谈判磋商。

中国与海湾合作委员会（包括阿拉伯联合酋长国、阿曼、巴林、卡塔尔、科威特和沙特阿拉伯 6 国，简称“海合会”）自贸协定谈判 2004 年 7 月启动，至 2016 年共开展了 9 轮谈判。2017 年因海合会方面原因，谈判停滞。

2. 宣布启动谈判的自贸区

2018 年 6 月，中国与巴拿马签署谅解备忘录，宣布正式启动中国—巴拿马自由贸易协定谈判；10 月，与巴勒斯坦签署谅解备忘录，宣布正式启动中国—巴勒斯坦自由贸易协定谈判；11 月，与秘鲁签署谅解备忘录，宣布启动中国—秘鲁自由贸易协定升级谈判。

3. 处于可行性研究的自贸区

中国正在与哥伦比亚、斐济、尼泊尔、巴布亚新几内亚、加拿大、孟加拉、蒙古国和瑞士等 8 个国家正在就建立或升级双边自贸协定进行联合可行性研究。

2018 年 3 月，中国—瑞士自贸协定升级联合研究第二次会议举行，双方就可能纳入升级的领域、联合研究报告内容和未来工作安排等问题进行了磋商。

6月，中国与孟加拉进行了首次自贸协定联合可行性研究工作会议，双方明确了职责分工并探讨了可行性研究报告的主要内容。

9月，中国与蒙古举行了首次自贸协定联合可行性研究工作会议，双方就各自自贸政策和实践深入交换意见，讨论通过了联合可研工作职责范围文件，就研究方法、内容、时间表、工作分工等主要问题充分交流。

（二）中国与自贸区伙伴农产品贸易情况

1. 中国与东盟

2003年中国和东盟完成早期收获计划谈判，于2004—2006年生效；2004年双方签署《中国—东盟货物贸易协定》并于2005年7月全面实施。受自贸区降税和需求拉动影响，中国与东盟农产品贸易发展迅速，2003—2018年贸易总额年均增长14%，高于对全球11.9%的增速。2018年双边农产品贸易总额360.4亿美元，比上年增长10.4%。其中中国出口175.6亿美元，增长10.7%；进口184.8亿美元，增长10.1%；贸易逆差9.2亿美元，比上年缩小0.1%。

从贸易结构看，对东盟出口以蔬菜（蘑菇、大蒜、木耳、洋葱等）、温带水果（柑橘、苹果、梨等）和水产品（墨鱼及鱿鱼等）等劳动密集型农产品为主。2018年，蔬菜、水果和水产品出口额分别为46.3亿美元、31.6亿美元和27.7亿美元，同比增3%、0.7%和1.4%，占中国对东盟农产品出口总额的26.4%、18%和15.8%。进口以热带水果（榴莲、香蕉、火龙果等）、棕榈油、水产品（对虾、鲶鱼、饲料用鱼粉等）和大米为主，进口额分别为38.7亿美元、34亿美元、22亿美元和14.3亿美元，同比增长44.7%、−2.9%、54.2%和−16.9%，分别占中国自东盟农产品进口总额的21%、18.4%、11.9%和7.8%。其中，中国是东盟榴莲和香蕉最大出口对象，出口量占东盟总出口量比例分别为41.1%和38.3%。总体而言，中国和东盟互为对方农产品第一大出口市场和第二大进口来源地。

2. 中国与智利

中国与智利自贸协定2006年生效，2006—2018年双边农产品贸易额年均增长20.4%。2018年双边农产品贸易额34.9亿美元，比上年增长36.5%。其中中国出口4亿美元，增长36.6%；进口31亿美元，增长40%；贸易逆差26.9亿美元，比上年扩大44.6%。

从贸易结构看，对智利出口包括水产品、粮食制品、蔬菜、饮品和糖及糖料，2018年出口额分别为2.2亿美元、2 259.5万美元、2 281.1万美元、1 763.1万美元和1 611.5万美元，同比分别增57%、41.5%、−12.4%、20.5%和20.5%，合计占对智利出口农产品额的76.5%。水产品中以虾类为主，出口占水产品对智出口总额的33.1%。自智利主要进口水果、水产品和葡萄酒。2018年，中国自智利农产品进口一半以上是水果，进口额17.3亿美元，同比增长67.2%。其中，樱桃占水果进口总额的65.2%，葡萄占15.5%，梅李杏占5.4%。进口水产品7.2亿美元，同比增长20%，占23.2%。其中，鲑鱼占水产品进口总额的35.9%，饲用鱼粉占20.7%。进口葡萄酒3.8亿美元，同比增长14.3%，占12.2%。目前，智利是中国樱桃、葡萄和鲑鱼的第一大进口来源国和葡萄酒第三大进口来源国，进口额分别占中国自全球进口的86.3%、45.7%、39.3%和9.6%。中国是智利农产品第三大出口市场，是最大的樱桃产品出口市场，对中国出口量占智利樱桃出口总量83.5%。

3. 中国与巴基斯坦

中国与巴基斯坦自贸协定2007年生效，2007—2018年双边农产品贸易总额年均增长7.9%。2018年双边农产品贸易额7.9亿美元，比上年增长28.3%。其中，中国出口3.1亿美元，下降11%；进口4.8亿美元，增长79.1%；贸易平衡由上年的顺差转为逆差1.7亿美元。

从贸易结构看，中国农产品出口主要是蔬菜（生姜和大蒜）、坚果（核桃）、稻谷、茶和调味香料，2018年出口额分别为9 193.6万美元、3 184.5万美元、3 086.1万美元、1 899.4万美元和1 463.9万美元，同比分别增长－12.6%、33.3%、41.3%、0.1%和13.4%，分别占对巴出口农产品总额29.8%、10.3%、10%、6.2%和4.7%。目前，巴基斯坦是中国核桃、生姜的第二大、第三大出口国，分别占中国对全球出口的19.3%和10.7%。进口主要为酒类、大米和水产品，进口额分别为1.5亿美元、1.5亿美元和1.2亿美元，同比分别增加20倍和增长55.2%和39.6%，分别占自巴进口农产品总额的31.3%、30.3%和25.5%。目前巴基斯坦是中国大米的第三大进口来源地，自巴大米进口量34.2万吨，占自全球大米进口总量11.3%。

4. 中国与新西兰

中国与新西兰自贸协定2008年生效。2008—2018年双边农产品贸易额年均增长20.7%。2018年，双边农产品贸易额73.6亿美元，比上年增长18.7%。其中，中国出口2.2亿美元，增长10.7%；进口71.4亿美元，增长19%；贸易逆差比上年扩大19.2%。

从贸易结构看，对新出口主要是水产品、蔬菜、饮品、粮食制品和水果，2018年出口额分别为6 309.6万美元、2 209万美元、1 882.2万美元、1 606.8万美元和1 390.1万美元，同比分别增13.3%、－7.3%、69.3%、－2.1%和0.2%，分别占对新出口农产品总额的29.1%、10.2%、8.7%、7.4%和6.4%。由于新西兰动植物检验检疫措施严格、市场容量有限，中国蔬菜和水果等出口优势产品潜力难以发挥。2008—2018年，中国水果和蔬菜对全球出口额分别增长69.1%和增加1.3倍，而同期对新西兰出口分别下降28.1%和增长85.9%。协定拉动新西兰对华出口作用明显，目前中国是新西兰农产品第一大出口市场，占其出口份额近四分之一。中国自新进口主要是畜产品、水产品和水果，其中奶粉最多。2018 年，自新西兰进口乳制品 103.5 万吨，其中奶粉 64 万吨（占新西兰奶粉出口量 36.4%），比 2008 年增加 12.6 倍，年均增长 28.8%。新西兰继续保持中国奶粉第一大进口国地位，自新奶粉进口占自全球奶粉进口一半以上。进口羊肉 8.1 亿美元，占自新西兰农产品进口总额的 11.3%。

5. 中国与秘鲁

中国与秘鲁自贸协定 2010 年 3 月实施。2010—2018 年，双边农产品贸易总额年均增长 6%。2018 年，双边农产品贸易额 18.5 亿美元，比上年增长 0.2%。其中，中国出口 9 852.7 万美元，增长 8.1%；进口 17.5 亿美元，下降 0.2%；贸易逆差比上年缩小 0.7%。

从贸易结构看，中国对秘鲁出口农产品主要包括水产品、糖料及糖、干豆（不含大豆）、蔬菜和粮食制品，2018 年出口额分别为 2 140.6 万美元、1 197.1 万美元、557.6 万美元、423.8 万美元和 402 万美元，同比分别增长 －13.3%、19.4%、1.9 倍、1.7% 和 1.2 倍，分别占对秘鲁农产品出口额的 21.7%、12.1%、5.7%、4.3% 和 4.1%。自秘鲁进口的农产品主要是水产品和水果，高度集中在饲用鱼粉和葡萄上。2018 年，自秘进口饲用鱼粉 12.3 亿美元，同比降 3.9%，占自秘鲁进口农产品总额 70.7%，是中国饲用鱼粉最大的进口来源地，占中国自全球进口的 55.6%。自秘进口葡萄 1.1 亿美元，同比降 16.5%，占自秘进口农产品总额 6.4%；鳄梨进口明显增加，进口 4 917.8 万美元，同比增 1.2 倍，占 2.8%。

6. 中国与哥斯达黎加

中国与哥斯达黎加自贸协定 2011 年 8 月生效。2011—2018 年，双边农产品贸易总额年均增长 14.4%。2018 年，双边农产品贸易额 1.7 亿美元，比上年下降 1.3%；其中，中国出口 6 416.6 万美元，增长 0.6%；进口 1 亿美元，下降 2.5%；贸易逆差比上年缩小 7.6%。

从贸易结构看，中国出口农产品以水产品、蔬菜和干芸豆为主，2018 年出口额分别为 2 997.7 万美元、1 348.7 万美元和 826.1 万美元，同比分别增长 14.2%、－21.1% 和 －14.6%，分别占对哥出口农产品总额 46.7%、21% 和 12.9%。进口农产品主要是食糖、畜产品（以牛肉和动物生皮为主）、水果和饮品（酒类和咖啡为主），自哥进口额分别为 3 256.1 万美元、3 179.3 万美元、1 931.2 万美元和 1 432.8 万美元，同比分别增长 50.7%、－45.1%、14.1% 和增加 3.9 倍，分别占自哥进口农产品总额 32.2%、31.5%、19.1% 和 14.2%。

7. 中国与冰岛

中国与冰岛自贸协定 2014 年 7 月生效。2014—2018 年，双边农产品贸易总额年均增长 30.1%。2018 年，双边农产品贸易额 1.4 亿美元，比上年增长 53.3%。其中，中国出口 643.2 万美元，增加近 3.5 倍；进口 1.4 亿美元，增长 48.8%；贸易逆差比上年扩大 44%。

从贸易结构看，双方贸易产品集中在水产品。中国对冰岛农产品出口集中在墨鱼及鱿鱼，2018 年出口额 597.4 万美元，同比增 7 倍，占对冰岛出口农产品总额的 92.9%。自冰岛农产品进口同样以水产品为主，进口额 1.4 亿美元，同比增 49.4%，占自冰岛进口农产品总额 99.8%，产品包括鲜冷冻鱼类和海参，分别占自冰进口水产品总额的 86.6%和 9.1%。

8. 中国与瑞士

中国与瑞士自贸协定 2014 年 7 月正式实施。2014—2018 年双边农产品贸易额年均增长 11.2%。2018 年，双边农产品贸易额 2.5 亿美元，比上年增长 5.9%。其中，中国出口 4 056.8 万美元，增长 0.8%；进口 2.1 亿美元，增长 7%；贸易逆差比上年扩大 8.5%。

从贸易结构看，中国进口农产品相对集中，出口农产品则较分散。中国自瑞进口农产品主要是畜产品和饮品类，特别集中在奶粉、可可产品和咖啡产品上，其中，中国是瑞士奶粉的第一大出口市场。2018 年自瑞奶粉、可可和咖啡进口额分别为 1 亿美元、2 629.5 万美元和 1 004.9 万美元，同比分别增长 7.9%、10.2%和增加 1.3 倍，分别占自瑞士进口农产品总额的 48%、12.5%和 4.8%。出口主要有饮品类（以烈性酒和咖啡为主）、蔬菜、畜产品（肠衣为主）、水产品和精油等，同比分别增长－18.5%、－18.7%、38.3%、－36.8%和－23.9%，分别占对瑞农产品出口总额的 20.9%、16.1%、13.2%、4%和 3.7%。

9. 中国与澳大利亚

中国与澳大利亚自贸协定 2015 年 12 月生效。2015—2018 年双边农产品贸易额年均增长 8.3%。2018 年，双边农产品贸易额 114.8 亿美元，比上年增长 14.7%。其中，中国出口 10.3 亿美元，增长 2.2%；进口 104.5 亿美元，增长 16.1%；贸易逆差比上年扩大 17.9%。目前，中国是澳大利亚农产品第一大出口市场，占其出口份额超过五分之一。

从贸易结构看，中国对澳出口农产品种类较为分散，主要是水产品、蔬菜、饮品类、粮食制品和水果，2018 年出口额合计占对澳农产品出口总额的 62.2%，分别为 2.8 亿美元、1.1 亿美元、9 629 万美元、8 713.3 万美元和 7 106.2 万美元，同比分别增长－10.3%、－7.6%、3.9%、7.1%和 13.3%。自澳进口农产品包括畜产品、谷物、棉花和葡萄酒等，2018 年合计占自澳农产品进口总额的 86.7%。畜产品进口主要是羊毛、羊肉、牛肉和奶粉，分别为 16.8 万吨、13.1 万吨、17.3 万吨和 7.3 万吨，分别是中国羊毛、羊肉、牛肉和奶粉的第一大（占 45.3%）、第二大（占 36.6%）、第三大（占 6.4%）和第四大（占 16.7%）进口来源地；谷物进口包括大麦、小麦和高粱，分别为 417.8 万吨、49.1 万吨和 42.9 万吨，尽管大麦进口同比下降 35.5%，但澳大利亚仍是中国大麦进口最大来源地，占比超过60%；棉花进口42.4万吨，同比增64.2%，成为中国棉花进口第二大来源地（占26%），仅居美国之后；葡萄酒进口1.7亿升，是继欧盟和智利之后的中国葡萄酒进口第三大来源地（占22.7%）。此外，2018年自澳进口坚果和水产品增长显著，进口额分别为1.4亿美元和6.8亿美元，同比分别增加1.3倍和1.2倍。

10. 中国与韩国

中国与韩国自贸协定2015年12月生效。2015—2018年，双边农产品贸易额年均增长3.7%。2018年，双边农产品贸易额62.8亿美元，比上年增长10.2%。其中，中国出口52.5亿美元，增长10%；进口10.3亿美元，增长11.4%；贸易顺差比上年扩大9.7%。

从贸易结构看，中国对韩出口农产品品种多样。2018年，水产品和蔬菜出口合计占对韩出口农产品总额62.1%，分别为19亿美元（增长19.9%）和13.5亿美元（增长1%）。此外，出口农产品还包括油籽（花生、芝麻、大豆等）、饮品类（啤酒、矿泉水、可可制品和茶等）、粮食制品、大米和畜产品等，合计占16.4%。韩国是中国大米第三大出口目的地，仅次于科特迪瓦和几内亚，2018年出口17.3万吨，占大米出口总量8.4%。

中国从韩国农产品进口比较分散。2018年，自韩进口农产品主要包括饮品类、水产品、粮食制品、畜产品和食糖，合计占自韩农产品进口总额68.2%，分别进口2亿美元、1.7亿美元、1.4亿美元、1亿美元和8 735.2万美元，同比分别增长48.4%、－12.8%、－2.2%、26.5%和－13.7%。饮品中一半以上是啤酒和酒精等产品，其中啤酒进口增长明显，进口额9 113.3万美元，比上年增加82.9%；畜产品则以奶粉和鲜奶等乳品为主，进口量共计1.8万吨，同比增长25.6%；食糖进口量18.4万吨，增长1.4%。

11. 中国与格鲁吉亚

中国与格鲁吉亚自贸协定2017年5月签署，2018年1月生效实施。2018年，双边农产品贸易额5 062.8万美元，比协定生效前的2017年下降5.1%。其中，中国出口2 949.5万美元，下降7.3%；进口2 113.3万美元，增长10.8%，贸易顺差836.2万美元，比上年缩小34.4%。从贸易数据看，协定签署对中国扩大自格进口起到了明显促进作用。从贸易结构看，对格出口比较分散，包括禽产品、饮品类（烈性酒为主）、水产品、蔬菜和花生，出口额分别为710.7万美元、306.9万美元、223.7万美元、213.4万美元和211万美元，同比分别下降37.6%、增加1.4倍、下降3.6%、下降44.7%和下降28%。自格进口非常集中，几乎全部是葡萄酒，进口额1 989.4万美元（占自格进口农产品94.2%），同比增长7.6%；进口量500.5万升，同比下降3.4%，约占格鲁吉亚葡萄酒出口总量的5%。

农业贸易救济

进口调查

1. 中国对原产于美国的进口高粱进行反倾销、反补贴立案调查

2月4日，商务部发布2018年第12号和第13号公告，对原产于美国的进口高粱分别进行反倾销和反补贴立案调查。尽管商务部没有收到反倾销调查的书面申请，但根据《中华人民共和国反倾销条例》第十八条规定和《中华人民共和国反补贴条例》第十八条规定，在特殊情形下，有充分证据认为存在倾销/补贴和损害以及二者之间有因果关系的，可以决定立案调查。这是中国第一起由调查机关自主立案的贸易救济案件。本次调查确定的倾销/补贴调查期为2016年11月1日至2017年10月31日，产业损害调查期为2013年1月1日至2017年10月31日。2018年4月17日，商务部发布第38号公告，初步认定原产于美国的进口高粱存在倾销，自4月18日起，采用保证金形式实施临时反倾销措施，反倾销税率178.6%。5月18日，商务部发布第44号公告，终止对原产于美国的进口高粱反倾销、反补贴调查。

2. 中国终止对原产于美国的进口白羽肉鸡产品征收反倾销税和反补贴税

2017年12月26日，原反倾销和反补贴案申请人代表国内产业向商务部提出撤销对原产于美国的进口白羽肉鸡产品实施反倾销和反补贴措施的申请。经调查机关审查和国务院关税税则委员会同意，根据《中华人民共和国反倾销条例》第五十七条和《中华人民共和国反补贴条例》第五十六条，决定自2018年2月27日起终止对原产于美国的进口白羽肉鸡产品征收反倾销税和反补贴税。

3. 中国对原产于巴西的进口白羽肉鸡产品反倾销调查初步裁定

6月8日，商务部发布2018年第46号公告，初步认定原产于巴西的进口白羽肉鸡

产品存在倾销，国内白羽肉鸡产业受到实质损害，且倾销与实质损害之间存在因果关系。自6月9日起，采用保证金形式实施临时反倾销措施。8月17日，商务部发布第65号公告，根据《中华人民共和国反倾销条例》第二十六条的规定，决定将本案的调查期限延长6个月，截止日期为2019年2月18日。

4. 中国取消进口食糖保障措施不适用名单

7月16日，商务部发布2018年第58号公告，进口食糖产品保障措施《不适用保障措施的发展中国家（地区）名单》中进口占比低于3%的国家（地区）的进口份额累计超过9%，根据《中华人民共和国保障措施条例》规定，符合取消不适用名单条件。自8月1日起，取消不适用名单，对所有配额外食糖进口统一适用保障措施。

5. 中国对原产于澳大利亚的进口大麦进行反倾销、反补贴立案调查

10月9日和29日，商务部先后收到中国国际商会代表国内大麦产业提交的反倾销和反补贴调查申请，请求对原产于澳大利亚的进口大麦进行反倾销和反补贴调查。11月19日，商务部发布2018年第89号公告，对原产于澳大利亚的进口大麦进行反倾销立案调查。12月21日，商务部发布2018年第99号公告，对原产于澳大利亚的进口大麦进行反补贴立案调查。调查期为2017年10月1日至2018年9月30日，产业损害调查期为2014年1月1日至2018年9月30日。

出口应对

新西兰对华桃罐头作出第二次反倾销日落复审否定性终裁

2018年2月14日，新西兰商业、创新与就业部（MBIE）发布2018－go696号公告称，对进口自中国的桃罐头（Preserved Peaches）作出第二次反倾销日落复审否定性终裁，裁定若取消本案反倾销措施将不会导致新西兰国内产业损害继续或再度发生，因此终止本次日落复审调查并且不再对涉案产品征收反倾销税，自2017年7月17日起生效。

附录

农产品分类和统计口径说明

本报告所指农产品是根据乌拉圭回合农业协议界定的农产品范围（HS 产品口径）加上水产品。包括谷物、棉麻丝、油籽、植物油、饮品类、蔬菜、水果、畜产品、水产品等 20 大类，各大类产品涉及的 HS 编码如下：

表 62 各大类产品涉及的 4 位数 HS 编码

产品类别	产 品 税 号
1. 谷物	1001—1008，1101—1104，1904
小麦产品	1001，1008，1101，1103，1904
稻谷产品	1006，1102，1103
玉米产品	1005，1102—1104
大麦产品	1003，1104
2. 棉麻丝	0511，1404，5001—5003，5201—5203，5301—5305
棉花	1404，5201—5203
麻类	5301—5305
蚕茧及丝	0511，5001—5003
其他植物纤维	5305
3. 油籽	1201，1202，1204—1208，2008
食用油籽	1201，1202，1204—1208，2008
非食用油籽	1207，1208

（续）

产品类别	产 品 税 号
4. 植物油	1507—1515
食用植物油	1507—1512，1514，1515
其他植物油	1513，1515
5. 糖料及糖类	1209，1212，1701—1704
食糖	1701
6. 饮品类	0901—0903，1801—1806，2101，2201—2206，2208，2209
茶	0902，0903，2101
醋	2209
咖啡及制品	0901，2101
可可及制品	1801—1806
酒精及酒类	2203—2206，2207，2208
无醇饮料	2201，2202
7. 蔬菜	0701—0712，0714，0904，0910，1207，1209，1212，2001—2005，2008，2009，2103
8. 水果	0801，0803—0814，1203，2006—2009，2106，2204
9. 坚果	0801，0802，0811，1207，1212，2008
10. 花卉	0601—0604
11. 饼粕	2304—2306
12. 干豆（不含大豆）	0713，1106
13. 水产品	0106，0208，0210，0301—0308，0508，0511，1212，1504，1603—1605，2008，2301，2801，3913，7101
14. 畜产品	0101—0106，0201—0210，0401—0410，0502—0507，0510，0511，1501—1503，1505，1506，1601，1602，1901，2301，4101—4103，4301，5101—5103
15. 调味香料	0905—0910
16. 精油	3301
17. 粮食制品	1107—1109，1902—1905
18. 粮食（薯类）	0714，1105
19. 药材	1211
20. 其他农产品	0501，0509，0602，1106，1108，1209—1214，1301，1302，1401—1404，1516—1522，1901，2008，2101—2106，2207，2302，2303，2307—2309，2401—2403，2905，3501—3505，3809，3823，3913

大 事 记

1月

1月1日，《中华人民共和国政府和格鲁吉亚政府自由贸易协定》生效并实施。中格自贸协定是中国与欧亚地区国家签署的第一个自贸协定，也是“一带一路”倡议提出后中国启动并达成的第一个自贸协定。

1月3日，国家质量监督检验检疫总局、新西兰初级产业部、澳大利亚农业与水利部分别签署《关于新西兰鲜食鳄梨输往中国植物检疫要求的议定书》《关于中国核果（油桃、桃、李、杏）输往澳大利亚植物检疫要求的议定书》《关于澳大利亚核果（油桃、桃、李、杏）输华植物检疫要求的议定书》，签署了修订后的《关于中国苹果输往澳大利亚植物检疫要求的议定书》《关于中国梨输往澳大利亚植物检疫要求的议定书》《关于澳大利亚鲜食葡萄输往中国植物检疫要求的议定书》《关于澳大利亚樱桃输往中国植物检疫要求的议定书》《关于澳大利亚柑橘输往中国植物检疫要求的议定书》。

1月18日，第十届全球粮食和农业论坛在德国柏林召开，论坛发表了“打造畜牧业的未来——可持续、负责任、高效率”公报，呼吁所有利益相关方采取一致行动，加强国际合作，重塑畜牧业未来发展，保障粮食安全和营养。

2月

2月4日，《中共中央国务院关于实施乡村振兴战略的意见》（中发〔2018〕1号）发布。

2月4日，商务部发布公告对原产于美国的进口高粱进行反倾销和反补贴立案调查。

2月13日，国家质量监督检验检疫

总局分别与俄罗斯、匈牙利签署《关于俄罗斯联邦小麦输入中华人民共和国植物检疫要求议定书》和《关于匈牙利玉米输华植物检疫要求议定书》，允许符合中国进口检验检疫要求的俄罗斯小麦和匈牙利玉米输往中国。

3月

3月13日，第十三届全国人民代表大会第一次会议举行第四次全体会议听取了关于国务院机构改革方案的说明。根据国务院机构改革方案，国务院将组建农业农村部，不再保留农业部。

3月23日，美国总统特朗普在白宫正式签署对华贸易备忘录，宣布将对从中国进口的600亿美元的航空航天、信息通信技术、机械等商品加征关税并限制中国企业对美投资并购。

3月23日，商务部发布了针对美国进口钢铁和铝产品232措施的中止减让产品清单并征求公众意见，拟对自美进口部分产品加征关税，以平衡因美国对进口钢铁和铝产品加征关税给中方利益造成的损失。

4月

4月3日，美国公布了基于“301调查”的对华征税建议清单，该清单对涉及航空航天、信息和通信技术、机器人和机械、医药等行业约1 300个独立关税项商品加征25%关税，涉及约500亿美元中国出口商品。

4月4日，国务院关税税则委员会决定对原产于美国的大豆、汽车、化工品等14类106项商品加征25%的关税，涉及2017年中国自美国进口额约500亿美元。

4月8日，主题为“开放创新的亚洲　繁荣发展的世界”博鳌亚洲论坛2018年年会在海南博鳌举行。

4月17日，商务部发布2018年第38号公告公布对原产于美国的进口高粱反倾销调查的初步裁定。裁定原产于美国的进口高粱存在倾销，国内高粱产业受到了实质损害，且倾销与实质损害之间存在因果关系，决定于4月18日对原产于美国的进口高粱实施临时反倾销措施。

5月

5月4日，中美经贸首轮磋商在北京结束。经过坦诚、高效、富有建设性的讨论，双方均认为发展健康稳定的中美经贸关系对两国十分重要，双方应致力于通过对话磋商解决经贸纠纷。

5月15日，首届“绿色渔业发展大会”在北京召开，大会以“科技促进绿色发展”为主题，围绕绿色渔业发展进行讨论交流。

5月15日，中国与阿曼签署《中华人民共和国政府与阿曼苏丹国政府关于共同推进丝绸之路经济带与21世纪海上丝绸之路建设的谅解备忘录》。

5 月 16 日，刘鹤副总理率中方经贸团抵达华盛顿进行中美第二轮经贸磋商。

5 月 18 日，以“茶和世界　共享发展”为主题的第二届中国国际茶叶博览会在浙江杭州举行。

5 月 18 日，商务部发布 2018 年第 44 号公告终止对原产于美国的进口高粱反倾销、反补贴调查。

5 月 20 日，中美就经贸磋商发表联合声明，表示将在诸多领域加强经贸合作。

5 月 24 日，第 13 届“中东—中东欧国家农业经贸论坛”暨第 22 届波罗的海国际农业与食品业博览会（“立陶宛农业展”）在立陶宛首都维尔纽斯举办。

5 月 24 日，国务院印发《进一步深化中国（广东）自由贸易试验区改革开放方案》《进一步深化中国（天津）自由贸易试验区改革开放方案》《进一步深化中国（福建）自由贸易试验区改革开放方案》。

6 月

6 月 9 日，上海合作组织青岛峰会即上海合作组织成员国元首理事会第十八次会议在山东青岛举行。此次峰会是上合组织扩员后的首次峰会。

6 月 12 日，中国与巴拿马签署正式启动中巴自贸协定谈判谅解备忘录。

6 月 15 日，美国政府依据 301 调查单方认定结果宣布对价值 500 亿美元具体产品加征 25%的关税，其中对约 340 亿美元中国输美商品的加征关税措施将于 7 月 6 日实施，对其余约 160 亿美元商品的加征关税措施将进一步征求公众意见。

6 月 16 日，国务院关税税则委员会对原产于美国的 659 项约 500 亿美元进口商品加征 25%的关税，其中对农产品、汽车、水产品等 545 项约 340 亿美元商品自 2018 年 7 月 6 日起实施加征关税。

6 月 18 日，特朗普宣布将对 2 000 亿美元中国商品加征 10%关税。

6 月 28 日，中国香港海关与新西兰海关签署有关贸易便利化的双边互认协议。

6 月 28 日，中国政府发布《中国与世界贸易组织》白皮书，阐释中国参与多边贸易体制建设原则立场和政策主张，表明中国推进更高水平开放的愿景与行动。这是中国加入世界贸易组织以来首次就该问题发表白皮书。

6 月 28 日，国家发展改革委和商务部联合发布《外商投资准入特别管理措施（负面清单）（2018 年版）》并自 2018 年 7 月 28 日起施行，大幅度放宽外商投资的市场准入。

7 月

7 月 1 日，于 2016 年 8 月签署的

《〈亚太贸易协定〉第二修正案》实施。该轮关税减让税目计 10 312 个，比上轮增长 2.5 倍，平均降税税目比例超过 28%，平均降幅 33%。降税产品品种多样，成员间贸易自由化程度将进一步提升。

7 月 6 日，美国对第一批清单上 818 个类别的 340 亿美元的中国商品加征 25%的进口关税。作为反击，中国同日对同等规模的美国产品加征 25%的进口关税。

7 月 11 日，美方宣布对额外 2 000 亿美元中国商品加征 10%关税，涉及行李箱、轮胎、宠物食品、电视机元件等领域。

7 月 13 日，中国与多米尼克签署《中华人民共和国政府与多米尼克政府关于共同推进丝绸之路经济带与 21 世纪海上丝绸之路建设的谅解备忘录》。

7 月 25 日，金砖国家领导人第十次会晤在南非约翰内斯堡举行。会晤主题为“金砖国家在非洲：在第四次工业革命中共谋包容增长和共同繁荣”。

7 月 26 日，中国与巴勒斯坦签署中巴自贸协定联合可行性研究完成谅解备忘录。

7 月 27 日，二十国集团（G20）农业部长会议在阿根廷布宜诺斯艾利斯召开。本次会议以“可持续的粮食未来”为主题，围绕土壤健康、农业信息技术、粮食损失和浪费、农业贸易投资、抗生素耐药性等议题展开讨论并通过《G20 农业部长宣言》。

7 月 30 日，财政部、农业农村部、银保监会共同印发《关于将三大粮食作物制种纳入中央财政农业保险保险费补贴目录有关事项的通知》，支持种业发展。

8 月

8 月 1 日，商务部宣布取消 2017 年 5 月实施的《不适用保障措施的发展中国家（地区）名单》，对所有配额外食糖进口统一适用保障措施。

8 月 3 日，国务院关税税则委员会决定对原产于美国的 5 207 个税目约 600 亿美元商品分别加征 25%、20%、10%、5%不等关税。

8 月 8 日，美国宣布从 8 月 23 日起对从中国进口的约 160 亿美元商品加征 25%的关税。作为反制，中方决定对 160 亿美元自美进口产品加征 25%的关税并与美方同步实施。

8 月 31 日，国务院批复同意建设潍坊国家农业开放发展综合试验区。

9 月

9 月 2 日，中国与毛里求斯签署《中华人民共和国商务部与毛里求斯共和国外交、地区一体化和国际贸易部关于结束中国毛里求斯自由贸易协定谈判的谅解备忘录》。

9月3日，中非合作论坛北京峰会开幕，本次峰会以“合作共赢，携手构建更加紧密的中非命运共同体”为主题。习近平主席发表主旨演讲强调支持非洲参与共建“一带一路”，共享发展成果实现共同富裕。

9月12日，以“乡村振兴 山水相连”为主题的第三届中国—东盟农业国际合作展在广西南宁开幕。

9月14日，中国与委内瑞拉签署《中华人民共和国政府与委内瑞拉玻利瓦尔共和国政府关于共同推进丝绸之路经济带和21世纪海上丝绸之路建设的谅解备忘录》。

9月18日，美国宣布实施对从中国进口的约2 000亿美元商品加征关税的措施，自2018年9月24日起加征关税税率为10%，2019年1月1日起加征关税税率提高至25%。作为反制，中方公布对约600亿美元清单商品实施加征关税措施。

9月23日，首届中国农民丰收节庆祝活动在全国开展，这是中国第一个在国家层面专门为农民设立的全国性节日。首届庆祝活动在北京设1个主会场，在浙江安吉余村、陕西杨凌、安徽滁州、黑龙江绥化、四川成都都江堰及广东梅州设有6个分会场。

9月24日，国务院新闻办公室发表《关于中美经贸摩擦的事实与中方立场》白皮书。

9月26日，中共中央国务院印发《乡村振兴战略规划（2018—2022年）》。

9月27日，“一带一路”（敦煌）农业合作国际论坛在甘肃敦煌国际会展中心举办，论坛主题为“交响丝路、如意甘肃、绿色农业、合作共赢”。

10月

10月1日，《中华人民共和国海关总署和以色列国财政部税务总局关于中国海关企业信用管理制度与以色列海关“经认证的经营者（AEO）”制度互认的安排》正式实施，为进口自对方相关企业货物提供通关便利。

10月16日，国务院批复同意设立中国（海南）自由贸易试验区并印发《中国（海南）自由贸易试验区总体方案》。

10月23日，港珠澳大桥开通仪式在广东珠海举行，对推进粤港澳大湾区建设具有重大意义。

10月31日，《中华人民共和国海关总署和阿富汗伊斯兰共和国农业、灌溉和畜牧业部关于阿富汗输华松子植物卫生条件议定书》生效，允许符合中方进口阿富汗松子检验检疫要求的阿富汗松子输华。

11月

11月1日，为适应产业升级、降低企业成本和满足群众多层次消费等需求，中国从即日起自主降低约占税目总数的19%的1 585个税目的进口关税，平均税率由10.5%降至7.8%，平均降幅为26%，中国关税总水平由上年的9.8%将至7.5%。同时，将进出口环节需验核的监测证件从86种减至48种。

11月2日，第十六届中国国际农产品交易会、第二十届中国中部（湖南）农业博览会和全球农业南南合作高层论坛在长沙开幕。

11月5日，首届中国国际进口博览会在上海国家会展中心举行。进博会是世界上首个以进口为主题的大型国家级展会。

11月7日，中国海关总署和俄罗斯动植物检验检疫局签署了关于《冷冻禽肉和乳制品相互交付议定书》。这是俄罗斯因2005年禽流感疫情停止对华供应禽肉以来首次解禁。

11月10日，第三届中日韩农业部长会议在北京召开。三国农业部长围绕“加强三国农业共赢合作，促进区域农业绿色发展”主题就落实第七次中日韩领导人会议共识进一步推动三国农业农村合作进行了深入交流，并重点强调了在乡村振兴、农业绿色发展、粮食安全及动植物疫病防控等领域的合作。

11月12日，中国与新加坡签署《自由贸易协定升级议定书》，对原中新自由贸易协定的原产地规则、海关程序与贸易便利化、贸易救济、服务贸易、投资、经济合作等6个领域进行升级，并新增电子商务、竞争政策和环境等领域条款内容。

11月12日，中国与斐济签署《中华人民共和国政府与斐济共和国政府关于共同推进丝绸之路经济带和21世纪海上丝绸之路建设的谅解备忘录》。

11月17日，亚太经合组织（APEC）第二十六次领导人非正式会议在巴布亚新几内亚莫尔兹比港举行。

11月19日，商务部发布公告对原产于澳大利亚的进口大麦进行反倾销立案调查。

11月20日，中国与菲律宾签署《中华人民共和国政府与菲律宾共和国政府关于共同推进“一带一路”建设的谅解备忘录》等29项合作协议，并就南海油气开发合作签署谅解备忘录。

11月28日，《中华人民共和国海关总署与西班牙王国农业、渔业和食品部关于西班牙鲜食葡萄输华植物检疫要求的议定书》签署，标志着符合中方相关检疫检验要求的西班牙葡萄自此可向中国出口。

11月30日，2018年二十国集团（G20）峰会在阿根廷首都布宜诺斯艾利斯举行。峰会围绕“为公平与可持续发展凝聚共识”主题就基础设施、未来就业及粮食安全等重点议题进行了讨论。

12月

12月1日，《中华人民共和国商务部和阿根廷共和国生产和劳工部关于电子商务合作的谅解备忘录》签署。

12月2日，《中华人民共和国海关总署与阿根廷共和国生产劳动部农业产业国务秘书处关于阿根廷鲜食樱桃输华植物检疫要求的议定书》签署，标志着符合中方相关检疫检验要求的阿根廷樱桃自此可向中国出口。

12月3日，《中华人民共和国商务部与巴拿马共和国工商部关于电子商务合作的谅解备忘录》签署。

12月5日，中国与葡萄牙《中华人民共和国和葡萄牙共和国关于进一步加强全面战略伙伴关系的联合声明》《中华人民共和国政府与葡萄牙共和国政府关于共同推进"一带一路"建设的谅解备忘录》等多项双边合作文件签署。

12月12日，《中国与厄瓜多尔关于共同推进"一带一路"谅解备忘录》等双边合作文件签署。

12月12日，第六届中国—中亚合作论坛在江苏扬州举行。论坛以"融汇丝路文明，深化合作共赢"为主题，中亚五国政要及中方有关部门和企业代表出席。

12月14日，《内地与香港关于建立更紧密经贸关系的安排》（CEPA）框架下的《货物贸易协议》在港签署。通过优化原产地规则的安排，原产香港的货物进口内地将全面享受零关税。

12月19日，亚洲基础设施投资银行理事会批准阿尔及利亚、加纳、利比亚、摩洛哥、塞尔维亚和多哥6个新成员加入，成员总数扩大到93个。

12月19日，中央经济工作会议在北京举行。

12月21日，商务部发布公告对原产于澳大利亚的进口大麦进行反补贴立案调查。

12月21日，海关总署宣布恢复符合中国相关检验检疫要求的乌克兰禽类及其产品进口，《关于暂停从乌克兰进口禽类及其产品的紧急通知》（国质检明发〔2005〕107号）同时废止。

12月27日，海关总署发布公告，根据中国相关法律法规以及中美签署的《关于美国大米输华植物卫生要求议定书》，允许美国大米输华。美国输华大米应符合《进口美国大米检验检疫要求》。

附　表

附表 1　1995—2018 年中国农产品贸易情况

单位：亿美元、%

年份	贸易额				比上年增长		
	进出口总额	出口额	进口额	贸易差额*	进出口	出口	进口
1995	268.7	146.9	121.8	25.0			
1996	251.4	143.0	108.3	34.7	−6.4	−2.6	−11.1
1997	250.5	150.5	100.1	50.4	−0.3	5.2	−7.6
1998	222.9	139.3	83.7	55.6	−11.0	−7.4	−16.4
1999	218.2	135.9	82.4	53.5	−2.1	−2.4	−1.5
2000	269.4	156.8	112.6	44.2	23.4	15.4	36.7
2001	279.0	160.5	118.5	42.0	3.6	2.4	5.2
2002	306.1	181.3	124.7	56.6	9.7	13.0	5.3
2003	403.8	214.1	189.7	24.4	31.9	18.1	52.0
2004	514.5	233.6	280.9	−47.2	27.4	9.1	48.1
2005	563.4	275.5	287.9	−12.4	9.5	17.9	2.5
2006	635.5	313.8	321.7	−7.8	12.8	13.9	11.7
2007	781.8	369.9	412.0	−42.1	23.0	17.9	28.1
2008	992.4	404.7	587.7	−183.0	26.9	9.4	42.7
2009	922.4	395.4	527.0	−131.6	−7.1	−2.3	−10.3
2010	1 219.3	493.7	725.5	−231.8	32.2	24.9	37.7
2011	1 555.9	607.2	948.7	−341.5	27.6	23.0	30.8
2012	1 757.3	632.5	1 124.8	−492.3	12.9	4.2	18.6
2013	1 866.9	678.3	1 188.7	−510.4	6.2	7.2	5.7
2014	1 945.0	719.6	1 225.4	−505.8	4.2	6.1	3.1
2015	1 875.6	706.8	1 168.8	−462.0	−3.6	−1.8	−4.6
2016	1 845.6	729.9	1 115.7	−385.8	−1.6	3.3	−4.5
2017	2 013.9	755.3	1 258.6	−503.2	9.1	3.5	12.8
2018	2 177.1	804.5	1 372.6	−568.1	8.1	6.5	9.1

注：* 正数为顺差，负数为逆差。下同。

附表 2 1995—2018 年中国谷物贸易量变化情况

单位：万吨

年份	出口量					进口量				
	谷物	其中				谷物	其中			
		小麦产品	玉米产品	稻谷产品	大麦产品		小麦产品	玉米产品	稻谷产品	大麦产品
1995	64.9	22.5	11.5	5.7	0.2	2 040.4	1 162.7	526.4	164.5	127.4
1996	124.3	56.6	23.8	27.7	0.2	1 084.0	829.9	44.7	77.4	130.9
1997	834.8	45.8	667.1	95.2	0.7	417.0	192.2	0.3	35.9	187.4
1998	889.2	27.5	469.2	375.6	0.9	388.5	154.8	25.2	26.0	151.9
1999	738.4	16.4	433.3	271.7	0.6	340.1	50.5	7.9	19.1	226.9
2000	1 379.8	18.8	1 047.9	296.2	0.1	314.8	91.9	0.3	24.9	197.4
2001	876.9	71.3	600.0	187.0	0.1	344.4	73.9	3.9	29.3	236.8
2002	1 483.7	97.7	1 167.5	199.0	0.1	285.1	63.2	0.8	23.8	190.7
2003	2 200.4	251.4	1 639.1	261.7	0.5	208.7	44.7	0.1	25.9	136.3
2004	479.5	108.9	232.4	90.9	0.3	975.3	725.8	0.2	76.6	170.7
2005	1 017.5	60.5	864.2	68.6	0.4	627.2	353.9	0.4	52.2	217.9
2006	609.9	151.0	309.9	125.3	0.6	359.5	61.3	6.5	73.0	214.1
2007	991.2	307.3	491.8	134.3	11.8	155.7	10.1	3.5	48.7	91.3
2008	186.1	31.0	27.3	97.2	1.5	154.1	4.3	5.0	33.0	107.6
2009	137.1	24.5	13.0	78.6	1.4	315.1	90.4	8.4	35.7	173.8
2010	124.3	27.7	12.7	62.2	1.3	570.8	123.1	157.3	38.8	236.7
2011	121.5	32.8	13.6	51.6	0.6	544.7	125.8	175.4	59.8	177.6
2012	101.6	28.6	25.7	27.9	0.5	1 398.3	370.1	520.8	236.9	252.8
2013	100.1	27.8	7.8	47.8	0.1	1 458.5	553.5	326.6	227.1	233.5
2014	76.9	19.0	2.0	41.9	0.0	1 951.6	300.4	259.9	257.9	541.3
2015	53.3	12.2	1.1	28.7	0.0	3 271.5	300.7	473.0	337.7	1 073.2
2016	63.6	11.3	0.4	39.5	0.0	2 199.7	341.2	316.8	356.2	500.5
2017	161.6	18.3	8.6	119.7	0.0	2 560.1	442.2	282.7	402.6	886.3
2018	255.3	28.6	1.2	209.1	0.7	2 050.2	309.9	352.4	307.7	681.5

附表 3 1995—2018 年中国油籽贸易量变化情况

单位：万吨

年份	出口量						进口量					
	油　籽	其中					油　籽	其中				
		食用油籽	其中					食用油籽	其中			
			花　生	大　豆	葵花籽	芝　麻			大　豆	油菜籽	芝　麻	棉　籽
1995	106.9	102.4	49.0	37.6	1.1	13.0	41.7	41.6	29.8	9.2	0.4	0.0
1996	84.0	80.2	45.6	19.3	1.9	11.9	112.3	112.2	111.4	0.0	0.5	0.0
1997	56.0	53.1	28.2	18.8	1.6	4.1	297.0	296.9	288.6	5.5	1.4	0.0
1998	57.7	55.2	32.1	17.2	0.9	4.4	461.5	461.4	320.1	138.6	1.1	0.0
1999	85.1	81.8	47.9	20.7	2.3	9.7	694.2	694.1	432.0	259.5	0.1	0.0
2000	96.4	92.7	56.0	21.5	3.7	10.3	1 340.5	1 340.4	1 041.9	296.9	0.2	0.0
2001	115.3	108.4	70.7	26.2	3.9	6.8	1 570.8	1 567.6	1 394.0	172.4	0.7	0.0
2002	127.0	122.8	77.0	30.5	2.9	9.8	1 195.5	1 194.5	1 131.5	61.8	0.4	0.0
2003	130.7	126.3	76.2	29.5	7.0	10.4	2 099.6	2 098.4	2 074.1	16.7	6.6	0.0
2004	121.8	117.3	68.9	34.9	7.6	4.2	2 078.4	2 076.8	2 023.0	42.4	9.8	0.0
2005	142.1	136.7	77.4	41.3	11.5	5.1	2 705.8	2 704.2	2 659.1	29.6	15.4	0.0
2006	127.4	122.4	66.1	39.5	11.1	4.6	2 933.4	2 931.7	2 827.0	73.8	26.4	0.0
2007	134.5	129.0	63.8	47.5	11.6	4.7	3 193.6	3 191.5	3 082.1	83.3	19.4	0.0
2008	124.0	119.2	51.4	48.4	13.3	4.6	3 902.5	3 900.5	3 743.6	130.3	21.4	0.1
2009	114.9	109.5	56.6	35.6	12.2	3.8	4 636.1	4 633.1	4 255.2	328.6	31.1	0.0
2010	92.9	87.7	51.6	17.3	14.6	3.5	5 706.4	5 704.6	5 479.7	160.0	39.1	1.6
2011	96.9	91.2	48.8	21.4	17.0	3.6	5 484.1	5 481.8	5 264.0	126.2	38.9	37.7
2012	106.5	100.6	45.1	32.1	18.4	4.0	6 230.4	6 228.0	5 838.5	293.0	39.6	39.4
2013	93.4	87.0	42.5	20.9	19.0	3.7	6 786.6	6 783.5	6 337.5	366.2	44.1	14.3
2014	94.3	87.2	44.2	20.7	17.6	3.8	7 755.0	7 751.8	7 139.9	508.1	56.9	7.4
2015	90.4	84.2	41.2	13.4	25.2	3.5	8 760.3	8 757.1	8 169.4	447.1	80.6	0.8
2016	93.8	87.4	41.2	12.8	29.6	3.0	8 955.9	8 952.9	8 391.3	356.6	93.2	7.6
2017	116.9	110.0	52.5	11.4	41.0	4.1	10 204.2	10 200.5	9 552.6	474.8	71.2	26.4
2018	125.6	119.5	54.0	13.6	46.3	4.7	9 450.8	9 448.9	8 803.1	475.6	82.8	11.7

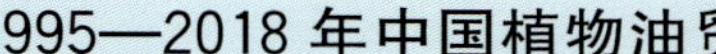

附表 4 1995—2018 年中国植物油贸易量变化情况

单位：万吨

年份	出口量						进口量					
	植物油	其中					植物油	其中				
		食用植物油	其中					食用植物油	其中			
			豆油	花生油	玉米油	菜籽油			豆油	花生油	棕榈油	菜籽油
1995	55.0	51.7	6.6	1.1	0.3	17.1	373.6	362.7	148.2	1.4	139.7	63.1
1996	50.3	48.2	12.7	0.6	0.0	17.4	276.1	267.4	129.5	0.5	100.9	31.6
1997	86.1	82.4	55.6	0.9	0.0	14.1	285.8	279.9	122.5	1.1	115.6	35.1
1998	34.0	30.9	18.6	1.0	0.0	7.3	218.5	206.7	82.9	0.9	93.0	28.5
1999	12.6	10.0	5.3	1.3	0.0	2.6	223.1	214.0	80.4	1.0	119.4	6.9
2000	13.9	11.2	3.5	1.5	0.2	5.4	202.2	187.1	30.8	1.0	139.1	7.5
2001	15.9	13.4	5.9	1.4	0.2	5.4	200.7	167.5	7.0	0.9	151.7	4.9
2002	12.4	9.8	4.7	1.1	0.4	1.8	344.0	321.2	87.0	0.4	222.1	7.8
2003	8.1	6.0	1.1	2.5	1.3	0.5	574.4	541.8	188.4	0.7	332.5	15.2
2004	8.8	6.6	1.9	1.4	2.0	0.5	709.4	676.4	251.7	0.0	385.7	35.3
2005	24.8	22.8	6.3	2.0	10.2	3.1	663.4	621.3	169.4	0.0	433.0	17.8
2006	41.9	40.0	11.8	1.3	11.5	14.5	725.7	671.5	154.3	0.0	508.2	4.4
2007	18.4	16.8	6.6	1.0	5.9	2.2	897.9	839.7	282.3	1.1	509.5	37.5
2008	26.4	24.9	13.4	1.1	8.4	0.7	874.4	817.1	258.6	0.6	528.2	27.0
2009	12.7	11.6	6.9	1.0	1.7	0.9	1 028.7	950.2	239.1	2.1	644.1	46.8
2010	11.0	9.6	5.9	0.8	1.3	0.4	922.2	826.2	134.1	6.8	569.6	98.5
2011	13.7	12.4	5.1	0.9	5.0	0.3	850.4	779.8	114.3	6.1	591.2	55.1
2012	11.3	10.1	6.5	0.8	1.2	0.7	1 052.3	959.9	182.6	6.3	634.1	117.6
2013	12.7	11.7	9.0	0.7	0.5	0.6	1 020.1	922.1	115.8	6.1	597.9	152.7
2014	14.6	13.5	10.0	1.0	0.4	0.7	868.5	787.3	113.5	9.4	532.4	81.0
2015	15.1	13.7	10.4	0.9	0.4	0.5	938.2	839.1	81.8	12.8	590.9	81.5
2016	12.7	11.5	8.1	0.9	0.5	0.5	783.1	688.4	56.0	10.7	447.8	70.0
2017	21.4	20.2	13.3	0.8	1.0	2.1	845.2	742.8	65.3	10.8	507.9	75.7
2018	31.1	29.6	21.8	1.0	1.0	1.5	926.4	808.7	54.9	12.8	532.7	129.6

附表 5　1995—2018 年中国棉花和食粮贸易量变化情况

单位：万吨、亿美元

年份	棉花				食糖			
	出口量	出口额	进口量	进口额	出口量	出口额	进口量	进口额
1995	3.0	0.5	100.3	14.9	48.0	1.9	295.4	9.0
1996	1.2	0.1	75.1	12.8	66.5	2.5	125.5	3.9
1997	0.7	0.1	84.9	14.1	37.9	1.3	78.3	2.3
1998	5.2	0.6	31.0	3.8	43.6	1.2	50.8	1.5
1999	24.4	2.9	16.4	1.0	36.7	0.8	41.7	0.9
2000	29.9	3.1	25.1	1.4	41.5	0.8	64.1	1.2
2001	6.0	0.8	19.7	1.2	19.6	0.6	119.9	3.1
2002	15.9	1.7	24.5	2.0	32.6	0.8	118.3	2.4
2003	11.7	1.3	107.5	12.2	10.3	0.3	77.5	1.7
2004	1.2	0.2	211.4	32.4	8.5	0.3	121.4	2.8
2005	0.8	0.1	274.5	32.5	35.8	1.1	139.0	3.8
2006	1.6	0.3	398.0	49.8	15.4	0.6	136.5	5.5
2007	2.5	0.4	274.1	35.8	11.1	0.5	119.3	3.8
2008	2.4	0.4	226.4	35.6	6.2	0.3	78.0	3.2
2009	1.0	0.2	175.9	22.1	6.4	0.3	106.4	3.8
2010	0.7	0.1	312.8	58.5	9.4	0.6	176.6	9.1
2011	2.8	0.8	356.6	96.8	5.9	0.5	291.9	19.4
2012	2.3	0.4	541.3	120.0	4.7	0.4	374.7	22.4
2013	0.8	0.2	450.0	87.2	4.8	0.4	454.6	20.7
2014	1.4	0.3	266.9	51.6	4.6	0.4	348.6	14.9
2015	3.0	0.5	175.9	27.2	7.5	0.5	484.6	17.7
2016	0.8	0.2	124.0	17.8	14.9	0.8	306.2	11.7
2017	2.1	0.4	136.3	23.6	15.8	0.9	229.0	10.8
2018	5.1	1.0	162.7	32.0	19.6	1.0	279.6	10.3

附表 6 1995—2018 年中国蔬菜贸易变化情况

单位：亿美元

年份	出口额										进口额		
		其中										其中	
	蔬菜	鲜或冷藏的蒜头	干香菇	番茄酱罐头	干木耳	姜	鲜或冷藏的洋葱	干燥或脱水的大蒜	小白蘑菇（洋蘑菇）罐头	鲜或冷藏的胡萝卜及萝卜	鲜或冷藏的马铃薯，种用除外	蔬菜	制作或保藏的冷冻马铃薯	蔬菜种子
1995	21.8			0.4		0.6				0.1	0.1	0.3	0.0	0.2
1996	20.7			0.4		0.7				0.1	0.0	0.4	0.0	0.2
1997	19.6			0.6		0.5				0.1	0.0	0.5	0.0	0.3
1998	19.4	0.7		0.6		0.4			1.0	0.1	0.1	0.6	0.0	0.3
1999	19.5	1.0		0.7		0.4			1.2	0.1	0.1	0.8	0.0	0.2
2000	20.9	1.2		0.7		0.6			1.4	0.1	0.0	1.1	0.2	0.3
2001	23.5	1.9		1.2		0.7		0.5	1.2	0.2	0.1	1.1	0.4	0.2
2002	26.4	3.3		1.9	0.2	0.7	0.3	0.5	1.5	0.2	0.1	1.1	0.4	0.3
2003	30.8	3.2	0.7	2.1	0.3	0.8	0.8	0.5	1.9	0.4	0.2	1.1	0.4	0.3
2004	38.1	3.7	1.5	2.2	0.3	1.9	0.8	0.7	2.1	0.7	0.3	1.4	0.5	0.4
2005	45.0	5.1	1.8	3.0	0.3	2.2	1.0	1.4	2.2	1.0	0.4	1.3	0.4	0.4
2006	54.5	7.3	1.6	3.6	0.4	1.7	1.4	2.3	2.6	1.4	0.6	1.5	0.4	0.5
2007	62.5	8.0	1.6	5.4	0.5	1.5	1.4	2.1	4.3	1.2	0.8	1.7	0.5	0.5
2008	64.8	5.8	1.3	7.9	0.8	2.1	1.3	1.5	4.2	1.5	0.8	1.9	0.6	0.7
2009	68.3	10.1	2.9	8.1	0.8	2.8	1.5	1.5	2.5	1.7	1.1	1.8	0.4	0.7
2010	99.5	21.6	6.9	8.1	1.6	4.3	2.3	3.6	3.5	2.0	1.0	2.8	0.7	1.1
2011	117.2	19.3	11.3	9.4	2.1	4.1	2.8	4.3	4.4	2.6	1.7	3.3	1.0	1.1
2012	99.7	12.7	5.3	9.1	1.5		2.7	3.1	3.9	2.7	1.3	4.1	1.5	1.1
2013	115.8	12.8	12.1	9.7	3.3		3.5	3.9	3.1	2.9	1.3	4.2	1.4	1.3
2014	125.0	13.5	11.9	9.6	5.6		3.8	3.6	2.8	2.8	2.7	5.1	1.5	1.5
2015	132.7	17.1	13.8	9.1	6.6		4.6	4.7	2.5	3.2	2.3	5.4	1.7	1.7
2016	147.2	24.5	15.0	7.2	6.3		4.3	8.5	2.4	3.5	2.3	5.3	1.6	1.8
2017	155.2	20.2	19.9	6.5	7.4		4.9	9.9	2.2	3.6	2.8	5.5	1.4	2.4
2018	152.4	12.7	22.7		9.3		4.8	5.5	2.1	4.0	2.6	8.3	2.0	2.3

附表 7 2001—2018 年中国水果贸易变化情况

单位：万吨

年份	出口						进口				
	水 果	其中					水 果	其中			
		鲜苹果	鲜柑橘	鲜 梨	苹果汁	柑橘属水果罐头		火龙果	香 蕉	鲜龙眼	鲜榴莲
2001	148.2	30.4	17.1	18.2	22.8	17.6	93.0	0.0	41.4	7.6	5.7
2002	199.6	43.9	21.7	24.3	29.8	21.9	101.3	0.0	34.8	10.7	5.6
2003	267.0	60.9	29.2	29.7	41.8	25.1	109.5	0.0	42.1	9.5	6.8
2004	312.9	77.4	36.1	31.8	48.7	28.3	114.6	1.0	38.1	10.9	8.5
2005	364.9	82.4	46.6	36.8	64.9	29.9	122.3	2.2	35.6	14.3	7.5
2006	370.5	80.4	43.5	37.5	67.3	31.6	137.2	3.5	38.8	16.8	8.5
2007	477.6	101.9	56.4	40.5	104.2	33.9	145.5	4.7	33.2	17.5	10.6
2008	484.4	115.3	86.2	44.7	69.3	35.3	179.2	11.8	36.2	19.6	13.9
2009	525.6	117.2	111.2	46.3	80.0	32.0	244.2	19.5	49.1	25.6	19.6
2010	507.5	112.3	93.3	43.8	78.8	33.6	275.4	21.8	66.5	29.1	17.2
2011	479.5	103.5	90.2	40.3	61.3	33.7	341.8	34.0	81.9	33.9	21.1
2012	486.4	97.6	108.2	41.0	59.2	33.8	342.5	46.9	62.6	32.3	28.7
2013	483.7	99.5	104.1	38.1	60.1	32.7	329.0	53.9	51.5	36.5	32.2
2014	436.1	86.5	98.0	29.7	45.9	31.5	400.9	60.4	112.7	32.6	31.6
2015	450.3	83.3	92.1	37.3	47.5	31.8	448.5	81.3	107.4	35.4	29.9
2016	512.4	132.2	93.4	45.2	50.7	31.0	417.9	52.3	88.7	34.8	29.2
2017	520.1	133.5	26.9	51.9	65.6	29.1	474.7	53.3	103.9	52.9	22.4
2018	509.8	111.8	98.4	49.1	55.8	32.6	592.5	51.1	154.5	45.7	43.2

附表 8 1995—2018 年中国茶叶贸易情况

单位：千吨、万美元

年份	出口						进口					
	出口量			出口额			进口量			进口额		
	茶	其中 绿茶	其中 红茶	茶	其中 绿茶	其中 红茶	茶	其中 红茶	其中 绿茶	茶	其中 红茶	其中 绿茶
1995	167.5	66.9	68.0	27 907.4	11 052.0	8 933.4	2.3	1.9	0.3	192.0	111.6	46.1
1996	171.3	55.9	81.0	28 749.9	8 962.3	11 257.4	1.7	1.1	0.4	149.2	76.1	44.3
1997	204.3	78.8	87.1	33 914.3	12 441.7	12 314.9	1.0	0.6	0.2	135.2	52.1	42.3
1998	219.6	111.7	69.6	37 823.9	18 065.2	10 263.3	1.3	0.7	0.3	297.4	62.9	160.6
1999	200.9	121.6	33.6	34 489.3	18 942.9	4 657.8	2.0	0.6	1.0	414.0	50.1	247.6
2000	232.0	155.3	29.4	35 696.7	21 786.8	3 608.6	2.6	0.8	1.4	461.8	73.4	282.0
2001	255.1	163.2	40.9	35 242.9	19 952.5	4 127.5	1.8	0.6	0.9	359.3	46.8	205.8
2002	256.0	170.4	40.8	33 998.5	20 292.5	3 880.7	1.8	0.7	0.8	303.2	56.4	164.1
2003	261.9	181.7	37.8	37 601.5	24 112.3	3 631.2	3.0	1.6	0.9	477.5	84.9	252.3
2004	284.3	196.2	39.4	45 186.4	29 438.7	4 118.0	2.5	0.3	1.6	687.0	50.5	411.4
2005	291.1	206.2	35.8	50 104.7	33 078.7	3 994.4	3.1	0.7	1.8	920.6	99.3	518.7
2006	304.3	218.7	31.5	57 445.7	39 020.2	4 245.1	3.8	1.0	1.9	1 124.8	137.1	504.3
2007	295.4	223.7	30.3	63 822.4	43 139.9	4 319.5	6.0	1.5	3.5	1 878.2	185.4	875.7
2008	303.9	223.3	40.3	71 591.8	48 692.5	6 234.4	6.2	0.9	4.0	2 653.3	197.7	1 292.5
2009	308.9	229.3	40.1	73 981.4	52 453.2	6 437.6	4.7	0.7	3.1	2 442.8	224.0	1 198.4
2010	308.8	234.3	36.6	82 523.4	56 678.7	7 984.6	13.5	1.1	11.2	5 722.6	360.7	3 786.6
2011	329.5	257.4	35.6	101 756.8	70 638.4	10 872.4	14.9	1.6	11.9	6 648.1	390.4	4 690.9
2012	323.3	248.7	35.8	112 100.3	75 566.6	11 883.3	19.5	4.7	13.2	7 733.9	859.0	5 426.8
2013	335.4	264.5	32.9	134 117.9	93 249.3	12 836.5	20.7	6.2	12.7	8 267.8	1 107.9	5 328.3
2014	312.8	249.2	27.8	137 864.7	95 260.1	14 500.8	23.7	4.5	17.1	9 990.4	865.0	6 900.4
2015	336.5	272.1	28.1	148 834.8	100 535.2	20 634.2	24.3	2.4	18.8	12 006.5	842.6	7 705.9
2016	340.9	270.9	33.1	160 207.2	106 480.7	25 625.6	24.2	1.6	19.3	12 383.3	815.6	8 176.4
2017	367.0	294.6	35.6	172 910.4	113 396.4	27 769.1	32.0	25.5	2.2	16 857.7	10 664.3	1 180.0
2018	377.4	302.9	33.0	190 716.4	122 260.9	28 054.3	38.3	29.5	3.2	20 298.5	11 831.4	1 808.4

附表 9 1995—2018 年中国畜产品贸易变化情况

单位：亿美元

年份	出口额					进口额						
	畜产品	其中				畜产品	其中					
		家禽产品	生猪产品	牛产品	动物毛		乳制品	动物生皮	动物毛	生猪产品	牛产品	家禽产品
1995	28.2	7.8	6.9	2.1	1.6	14.8	0.6	3.5	6.8	0.1	0.1	1.0
1996	28.6	9.3	6.3	1.8	1.3	14.1	0.5	3.2	6.1	0.1	0.2	1.6
1997	27.4	8.5	6.1	1.6	1.6	13.8	0.6	3.6	5.2	0.1	0.2	1.4
1998	24.6	7.5	5.8	1.5	1.3	13.3	0.8	3.5	4.2	0.2	0.2	1.2
1999	22.4	8.2	4.2	1.0	0.9	18.5	1.6	3.5	4.6	0.6	0.3	4.2
2000	25.9	9.9	4.1	1.0	1.1	26.5	2.1	5.6	7.8	1.1	0.4	4.9
2001	26.6	10.6	4.8	1.1	1.0	27.9	2.2	7.8	8.1	1.0	0.4	4.6
2002	25.7	9.5	5.7	0.8	0.9	28.8	2.7	7.1	8.2	1.3	0.7	4.5
2003	27.2	8.5	6.6	0.9	1.0	33.4	3.5	9.0	7.8	2.0	1.4	4.9
2004	31.9	6.5	9.7	1.3	1.3	40.4	4.4	12.5	11.1	2.4	2.3	1.7
2005	36.0	9.1	9.5	1.8	1.6	42.3	4.6	13.2	12.5	1.8	1.0	3.6
2006	37.3	9.3	9.9	1.8	1.6	45.6	5.6	14.4	12.9	1.6	0.4	4.9
2007	40.5	10.6	9.1	1.9	1.8	64.7	7.4	16.2	18.1	4.7	0.6	9.8
2008	43.9	9.9	9.6	2.0	1.8	77.3	8.6	18.5	17.3	11.0	0.6	11.3
2009	39.1	10.2	9.0	1.7	1.2	66.0	10.3	14.4	15.1	5.3	1.3	10.3
2010	47.5	13.4	10.1	2.2	1.8	96.6	19.7	20.3	20.2	10.0	3.0	10.0
2011	59.9	17.5	11.8	2.6	2.4	134.0	26.2	27.8	29.3	21.4	3.7	9.2
2012	64.4	18.7	12.3	2.4	2.1	149.0	32.1	30.1	27.2	24.8	6.5	10.0
2013	65.2	18.4	12.6	1.9	2.1	195.1	51.9	35.7	28.7	26.6	16.0	10.7
2014	68.5	18.5	13.8	2.1	2.2	221.7	79.8	34.3	25.5	24.9	19.7	9.2
2015	58.9	16.5	12.3	1.8	2.0	204.5	57.0	30.6	26.2	27.5	27.8	9.5
2016	56.4	15.1	11.8	1.8	2.3	234.0	64.4	22.1	24.8	58.1	28.2	13.1
2017	63.6	16.7	11.6	1.5	2.6	256.2	89.0	22.0	29.0	44.0	33.6	10.5
2018	68.6	18.1	10.9	1.4	2.6	285.2	101.8	16.4	33.7	36.3	51.8	11.7

附表 10 1995—2018 年中国水产品贸易情况

单位：亿美元

年份	出口额						进口额			
	水产品	其中					水产品	其中		
		贝类及软体动物	罗非鱼	对虾	螃蟹	鳗鱼		饲料用鱼粉	鳕鱼	墨鱼及鱿鱼
1995	32.9	5.7		1.5	1.4	0.8	9.6	3.3	0.9	0.4
1996	30.3	5.1		0.5	1.2	0.5	12.1	5.7	1.0	0.5
1997	31.5	4.5		0.6	1.0	7.9	12.1	6.3	1.2	0.3
1998	28.4	3.8		0.5	0.9	6.8	10.3	3.1	2.6	0.3
1999	31.3	4.2		0.5	1.0	6.9	13.0	3.6	2.8	0.6
2000	38.2	4.5		0.9	1.3	7.7	18.5	5.7	3.4	1.4
2001	41.7	4.8		1.1	1.6	6.6	18.7	4.8	4.3	1.2
2002	46.8	5.8	0.5	1.5	2.1	6.2	22.8	6.3	5.5	1.2
2003	54.7	5.5	1.0	2.4	2.7	5.3	24.9	5.2	6.1	0.9
2004	69.5	6.7	1.6	2.7	3.8	8.6	32.4	7.6	7.6	1.7
2005	79.0	6.3	2.3	2.1	3.4	7.5	41.2	10.8	10.2	1.7
2006	93.6	6.8	3.7	1.1	3.9	7.4	43.0	9.4	10.1	2.3
2007	97.5	6.8	4.9	0.5	3.8	6.8	47.2	10.1	10.6	2.7
2008	106.7	7.2	7.3	0.5	4.8	5.6	54.1	14.0	8.8	3.5
2009	108.0	10.8	7.1	5.3	4.3	5.4	52.6	13.0	4.7	2.8
2010	138.3	16.6	10.1	6.8	5.2	8.0	65.4	16.6	5.4	3.3
2011	177.9	21.6	11.1	7.9	8.8	10.9	80.2	17.5	7.6	5.0
2012	189.8	36.1	11.6	14.3	10.8	12.0	80.0	16.9	15.7	5.3
2013	202.6	42.2	14.5	17.1	10.8	10.5	86.4	16.7	15.8	5.6
2014	217.0	49.3	15.2	17.4	12.0	10.0	91.9	15.6	16.9	6.2
2015	203.3	49.5	13.0	12.1	12.1	9.9	89.8	17.9	14.8	4.5
2016	207.4	51.0	12.2	14.3	10.9	9.1	93.7	16.1	14.8	3.2
2017	211.5	51.5	7.1	15.3	11.1	0.1	113.5	22.2	16.4	6.0
2018	224.4	52.6	6.6	13.8	10.3	0.1	148.9	22.2	17.4	6.5

注：2001 年以前罗非鱼没有单独税码。

附表 11 2018 年中国农产品贸易情况

单位：亿美元、%

产　品	出口额	比上年增长	出口额占比重	产　品	进口额	比上年增长	进口额占比重
农产品	804.5	6.5	100.0	农产品	1 372.6	9.1	100.0
水产品	224.4	6.1	27.9	油籽	417.7	−3.0	30.4
蔬菜	152.4	−1.8	18.9	畜产品	285.2	11.3	20.8
水果	71.6	1.2	8.9	水产品	148.9	31.3	10.9
畜产品	68.6	7.9	8.5	水果	84.2	34.5	6.1
饮品类	50.2	5.4	6.2	饮品类	79.1	20.5	5.8
粮食制品	22.0	14.6	2.7	植物油	72.7	1.3	5.3
油籽	18.4	4.3	2.3	粮食（谷物）	59.4	−8.5	4.3
糖料及糖	18.3	3.9	2.3	棉麻丝	39.7	31.8	2.9
坚果	13.1	9.7	1.6	粮食制品	22.7	11.2	1.7
粮食（谷物）	11.0	38.6	1.4	糖料及糖	15.3	3.0	1.1
药材	8.1	−14.7	1.0	坚果	12.9	42.0	0.9
饼粕	6.1	24.0	0.8	粮食（薯类）	11.4	−21.9	0.8
干豆（不含大豆）	5.6	−8.7	0.7	蔬菜	8.3	50.0	0.6
精油	4.7	32.6	0.6	干豆（不含大豆）	7.7	48.1	0.6
棉麻丝	4.4	5.7	0.5	饼粕	6.7	56.1	0.5
植物油	4.1	32.6	0.5	花卉	2.9	3.8	0.2
花卉	3.1	8.9	0.4	精油	2.5	22.2	0.2
调味香料	2.4	35.7	0.3	药材	1.0	15.4	0.1
粮食（薯类）	0.7	16.7	0.1	调味香料	0.1	−38.8	0.0
其他农产品	115.4	20.3	14.3	其他农产品	94.1	12.9	6.9

附表 12 2018 年各省（自治区、直辖市）农产品贸易情况

单位：亿美元、%

省 份	出口额	比上年增长	进口额	比上年增长	贸易额	排序		
						出口额	进口额	贸易额
全国合计	804.5	6.5	1 372.6	9.1	2 177.1			
山东	187.6	1.1	175.6	7.4	363.2	1	3	2
广东	101.3	7.4	279.1	10.4	380.4	2	1	1
福建	98.7	12.9	64.8	7.6	163.6	3	7	5
浙江	55.4	11.5	62.2	13.0	117.6	4	8	7
辽宁	54.5	8.6	73.8	1.1	128.3	5	6	6
云南	40.0	−8.3	8.9	13.3	48.9	6	18	11
江苏	39.0	9.3	201.1	6.4	240.0	7	2	3
河南	27.0	16.8	13.8	−17.4	40.9	8	12	13
湖北	19.4	−1.7	6.0	−41.7	25.4	9	20	15
河北	18.8	4.0	38.1	−2.9	57.0	10	11	10
上海	16.4	17.8	166.1	23.0	182.6	11	4	4
安徽	15.3	14.6	12.3	−10.7	27.6	12	13	14
黑龙江	15.1	24.0	9.2	76.4	24.3	13	17	17
湖南	13.0	12.1	11.9	19.7	24.9	14	14	16
吉林	12.9	−6.6	10.3	−2.9	23.2	15	15	18
广西	12.8	8.0	56.4	4.1	69.2	16	9	9
内蒙古	10.5	17.9	5.6	16.6	16.1	17	21	19
新疆	9.6	21.0	4.6	0.0	14.2	18	22	21
四川	8.3	30.7	6.8	0.8	15.0	19	19	20
天津	7.9	−5.7	102.0	25.8	110.0	20	5	8
江西	7.3	23.0	2.0	−45.8	9.3	21	25	24
陕西	7.3	0.3	3.6	−12.2	10.9	22	23	22
贵州	6.4	11.6	0.5	82.5	7.0	23	27	26
海南	5.2	−1.2	2.7	−13.5	7.9	24	24	25
甘肃	4.2	9.7	0.6	25.1	4.8	25	26	28
北京	3.7	−19.3	44.6	2.2	48.3	26	10	12
山西	3.1	−0.9	0.2	−68.0	3.4	27	29	28
宁夏	1.6	−0.1	0.5	15.6	2.1	28	28	29
重庆	1.4	15.6	9.3	8.6	10.7	29	16	23
西藏	0.2	−53.3	0.0	−80.9	0.2	30	31	31
青海	0.2	−32.7	0.0	−84.7	0.2	31	30	30

附表 13 2018 年中国主要农产品出口额前十位的省（自治区、直辖市）及所占比重

单位：亿美元、%

产品	前十位的省（自治区、直辖市）及其出口额										前十位合计		全国出口额合计
	1	2	3	4	5	6	7	8	9	10	出口额	所占比重	
水产品	福建	山东	广东	辽宁	浙江	江苏	海南	河北	江西	广西			
	63.749 3	51.605 9	35.866 7	31.139 8	20.787 3	4.859 1	4.524 3	2.606 3	2.153 6	2.033 8	219.3	97.7	224.4
蔬　菜	山东	河南	福建	云南	湖北	江苏	浙江	广东	新疆	湖南			
	53.595 2	18.597 8	14.708 2	13.849 8	10.653 1	7.819 7	4.531 2	4.504 6	3.581 0	3.036 6	134.9	88.5	152.4
畜产品	广东	山东	江苏	浙江	辽宁	河北	河南	湖南	安徽	上海			
	12.468 1	11.344 7	8.471 2	6.200 5	3.910 9	3.687 1	3.613 2	3.464 0	2.888 9	2.327 1	58.4	85.1	68.6
水　果	山东	云南	福建	陕西	浙江	河北	广东	辽宁	广西	新疆			
	19.286 5	12.395 2	6.241 1	4.715 5	3.512 7	2.970 7	2.841 7	2.529 9	2.199 9	2.186 2	58.9	82.3	71.6
饮品类	广东	浙江	贵州	福建	云南	安徽	四川	湖北	江苏	山东			
	14.304 8	7.034 5	5.056 2	4.845 6	3.211 9	2.926 1	1.751 3	1.588 7	1.501 6	1.350 2	43.6	86.8	50.2
粮食制品	广东	山东	江苏	辽宁	福建	安徽	浙江	河北	吉林	上海			
	5.926 5	5.324 7	1.715 7	1.516 7	1.200 9	0.970 5	0.916 6	0.821 3	0.690 2	0.534 2	19.6	89.2	22.0
油　籽	山东	内蒙古	吉林	天津	辽宁	安徽	云南	黑龙江	江苏	河南			
	8.9	3.9	1.0	0.9	0.7	0.5	0.5	0.5	0.3	0.2	17.5	95.0	18.4
糖料及糖	广东	山东	福建	吉林	河北	江苏	天津	辽宁	内蒙古	黑龙江			
	6.845 9	3.744 7	1.803 9	1.257 7	1.151 7	0.910 9	0.578 2	0.480 4	0.357 0	0.247 9	17.4	95.0	18.3
药　材	安徽	广东	湖南	吉林	河北	浙江	四川	宁夏	天津	山东			
	1.318 3	1.220 0	0.847 4	0.548 5	0.458 5	0.439 1	0.426 8	0.423 1	0.321 8	0.274 4	6.3	78.0	8.1
坚　果	黑龙江	吉林	山东	河北	广东	新疆	辽宁	天津	内蒙古	安徽			
	1.953 6	1.910 2	1.430 9	1.363 7	1.261 3	1.180 4	0.987 2	0.690 1	0.615 9	0.520 1	11.9	91.1	13.1

附表 14 2018 年中国主要农产品进口额前十位的省（自治区、直辖市）及所占比重

单位：亿美元、%

产品	前十位的省（自治区、直辖市）及其进口额										前十位合计		全国进口额合计
	1	2	3	4	5	6	7	8	9	10	进口额	所占比重	
食用油籽	江苏	山东	广东	广西	辽宁	天津	河北	福建	浙江	吉林			
	94.768 9	78.196 5	55.659 3	46.081 0	27.245 1	26.556 7	23.610 0	23.077 6	9.203 6	5.270 6	389.7	93.3	417.5
畜产品	广东	上海	天津	江苏	浙江	山东	北京	辽宁	福建	河北			
	58.215 4	54.970 0	42.237 4	33.306 6	16.316 2	14.321 3	9.958 7	9.825 7	7.669 3	6.662 8	253.5	88.9	285.2
水产品	山东	广东	上海	辽宁	福建	北京	天津	浙江	吉林	江苏			
	31.569 9	26.239 1	24.252 9	23.491 2	14.253 2	6.700 7	6.358 4	5.402 0	3.090 6	1.940 2	143.3	96.2	148.9
食用植物油	江苏	天津	广东	上海	山东	福建	浙江	广西	北京	新疆			
	23.656 2	8.103 6	7.817 1	6.693 9	3.914 9	1.934 0	1.775 0	1.345 3	0.823 5	0.740 9	56.8	96.9	58.6
粮食（谷物）	广东	江苏	山东	辽宁	广西	浙江	福建	云南	上海	北京			
	23.215 7	9.408 9	4.403 0	2.911 7	2.362 6	1.896 2	1.655 7	1.571 1	1.538 3	1.307 2	50.3	84.7	59.4
棉　花	山东	江苏	新疆	湖北	浙江	河南	河北	广东	福建	安徽			
	18.213 8	6.748 2	1.376 6	1.187 3	0.641 1	0.558 1	0.546 9	0.504 7	0.436 6	0.398 9	30.6	95.7	32.0
水　果	广东	上海	北京	辽宁	云南	福建	天津	山东	浙江	海南			
	38.797 3	21.527 7	5.491 9	3.449 4	3.304 2	2.634 1	2.526 3	1.810 4	1.280 5	0.786 3	81.6	97.0	84.2
饮品类	上海	广东	福建	浙江	江苏	山东	北京	天津	辽宁	安徽			
	25.750 9	20.422 0	6.674 1	6.325 9	5.024 3	4.329 1	3.515 1	3.097 3	1.222 5	0.420 8	76.8	97.1	79.1
粮食（薯类）	江苏	山东	广西	安徽	广东	云南	浙江	北京	上海	江西			
	5.862 9	3.687 3	0.842 2	0.477 1	0.153 3	0.138 2	0.068 0	0.048 7	0.048 2	0.035 8	11.4	99.4	11.4
糖料及糖	广东	辽宁	山东	北京	上海	福建	天津	云南	江苏	河北			
	3.020 8	2.181 9	2.163 4	1.532 8	1.322 9	1.004 6	0.803 4	0.750 5	0.699 3	0.693 2	14.2	92.4	15.3

附表 15　2018 年中国农产品主要出口市场和进口来源地

单位：亿美元、%

排序	出口市场				进口来源地			
	国家（地区）	出口额	比上年增长	所占比重	国家（地区）	进口额	比上年增长	所占比重
1	日本	107.8	5.3	13.4	巴西	330.4	37.0	24.1
2	中国香港	101.5	3.1	12.6	美国	162.3	−32.7	11.8
3	美国	83.5	8.0	10.4	澳大利亚	104.5	16.1	7.6
4	越南	52.9	15.3	6.6	加拿大	79.4	19.7	5.8
5	韩国	52.5	10.0	6.5	新西兰	71.4	19.0	5.2
6	泰国	33.4	7.3	4.2	泰国	57.8	23.2	4.2
7	中国台湾	27.2	9.6	3.4	印度尼西亚	51.8	4.5	3.8
8	马来西亚	26.4	9.6	3.3	法国	42.9	9.8	3.1
9	印度尼西亚	26.3	12.7	3.3	越南	32.9	11.0	2.4
10	菲律宾	21.1	3.3	2.6	俄罗斯	32.1	51.5	2.3
11	俄罗斯	20.5	3.5	2.5	智利	30.9	39.4	2.3
12	德国	19.8	4.0	2.5	荷兰	28.1	22.1	2.0
13	荷兰	16.2	−0.2	2.0	马来西亚	23.3	−9.9	1.7
14	加拿大	11.9	4.9	1.5	德国	23.0	4.3	1.7
15	英国	11.6	7.4	1.4	阿根廷	22.5	−38.6	1.6
16	西班牙	11.6	10.4	1.4	秘鲁	17.5	−0.2	1.3
17	澳大利亚	10.3	2.2	1.3	乌拉圭	15.4	−18.1	1.1
18	新加坡	8.7	6.0	1.1	印度	15.3	37.8	1.1
19	墨西哥	8.7	17.3	1.1	西班牙	14.6	−0.3	1.1
20	朝鲜	7.0	22.4	0.9	乌克兰	13.8	21.4	1.0
前 20 位合计		658.9	7.0	81.9		1 169.7	7.3	85.2